KB232321

Gerhard Neuner   Hans Hunfeld

Methoden des fremdsprachlichen Deutschunterrichts

외국어로서
독일어 교수방법론

게르하르트 노이너/한스 훈펠트 지음

이광숙/이성만 옮김

한국문화사

역자 서문

독어학 분야 중에서 독어교수법은 독일어를 가르치고 또 배우는 사람에게 전부 관계되는 중요한 분야이다. 따라서 교수법은 각 대학교 사범대학의 필수 교과목에 속한다. 이러한 점에도 불구하고 이 분야는 각 대학에서 전문적으로 다루어지지 못하는 실정이다. 이는 이 분야를 전공으로 수학한 전문인이 없고 따라서 전문서적의 보급도 미흡한 실정과도 무관하지 않다. 이러한 점을 감안하여 Neuner 교수의 독일어교수방법론을 번역하였다. 이 책은 교수법 중 가장 중요하고 중점이 되는 독일어를 가르치는 여러 가지 방법론을 설명하고 이 방법론들이 적용된 교재들에서 예문을 들어 설명을 보충하고 또 과제를 충분히 주어 내용을 확실하게 파악하게 해준다. 각 방법론이 이해하기 쉽게 제시되었으며 독일어 자체도 비교적 쉬운 구조로 되어 있으나 전문용어 번역이 간단하지는 않았다.

이번에 재판을 하게 되었으며 한국어 표현과 자연스럽지 못하거나 너무 번역조인 것을 다시 다듬어 보았다. 그런데도 아직도 몇몇 표현이 미흡한 것 같으나 더 수정을 하게 되면 원본의 의미가 제대로 전달이 안 될 것 같아 그대로 두었다. 교정중 독일어 전문용어 의미에 가장 근접하다고 하는 한국어 용어를 사용하고자 최대한 노력하였다. 여러 부족한 점이 많으리라 생각하며 널리 양해를 구하고 또한 지적해 주기 진심으로 바란다.

이 책의 번역으로 교수법의 이해에 많은 도움이 되기 바라며 또한 우리나라 독일어 상황에 맞는 방법론의 모색이 이루어지기를 바라며 또한 이 방법에 대응하는 교재가 개발되어 독일어 교육의 질적인 발전이 이루어지기를 간절히 바란다.

2001년 7월 역자

차   례

1. 서론

방송통신 교재인 『외국어로서 독일어 교수법』은 다음 7장으로 구성되어 있다.

1. "방법론"이란 주제파악에 대한 중요한 문제
2. 문법번역방법(GÜM)
3. 직접방법(DM)
4. 구청각방법(ALM)과 시청각방법(AVM)
5. 절충방법(VM)
6. 의사소통 교수법과 방법론(KD)의 개념
7. 외국어로서 독일어 수업의 상호문화 방법(IA)

본 교재의 끝부분에는 다음의 부록이 따른다.

- 이 교재에 제시된 예문 텍스트가 수록된 독본편 (Reader)
- 본문에서 사용된 가장 중요한 전문용어목록 (Glossar)
- 본문의 과제에 대한 해답 (Lösungsschlüssel)
- 참고문헌 (Literatur)(전문서적)

<방법론(Methode) 선정>
이 교재에서는 학교영역의 외국어 수업역사에서 지속적으로 영향을 미친 방법론만 다루기로 한다. 그래서 최근 10~15년 동안 소개되었던 "대안적" 방법론도 논의에서 배제된다. 물론 방법론의 종류는 여기서 서술할 수 있는 것보다 훨씬 많다.
이 교재에서는 독자에게 방법론이라는 주제를 소개하겠지만, 독자들이

"교수법(Didaktik)과 방법론의 초보자"라고 보지 않고 외국어 수업의 교수법과 방법론에 어느 정도 지식이 있음을 전제로 하겠다.

<교수/가르치는 관점>

수업 방법론의 서술에서 중점을 둔 것은 수업의 기획과 구성에 관한 지침과 제안이다. 이 지침과 제안이 교수자에게 지도서(방법론저서)를 통하여 직접 제시되거나 외국어로서 독일어 수업을 위한 교재를 만들 때처럼 교수관점(Lehrperspektive)에 중점을 두기로 한다. 학생들이 실제로 각 방법이 요구하는 대로 학습을 하고 있는지는 확실하지 않다. 학생들이 어떻게 학습하고 있는지는 거의 알려진바 없다. 그들의 머리 속을 들여다 볼 수 없기 때문이다. 그러나 우리가 알고 있는 것은 사람들은 각자 나름대로 학습하는 방법을 가지고 있다는 점이다. 이때 다음과 같은 요인들이 중요한 역할을 한다.1)

- 나이
- 학습소재에 대한 관심(동기)
- 학습소재의 구조
- 재능
- 선지식
- 상이한 문화권의 학습전통

1.1. 독자는 독일어를 어떻게 배웠는지 기억하는가?

우리는 독자가 독일어 교사 또는 예비교사라는 점에서 출발하겠다. 독자가 참가한 독일어 수업의 처음 몇 해를 아직 기억하고 있는가?

---

1) 이에 대한 보다 자세한 내용은 본 교재 시리즈의 『제2언어와 외국어 습득이론』 참조.

[과제 1]

다음의 질문에 맞는 대답을 핵심단어 (Stichwörter)로 적으시오.

독자가 배운 독일어 교재를 기억하는가?
　　그림/ 사진
　　문법제시
　　몇몇 지문들
　　어휘제시
　　연습

독자의 독일어 교사를 아직 기억하는가? 당시 독자에게 특히 인상적인 것과 방해되는 것은 무엇인가?
　그 교사는 독일어를 잘 할 수 있었는가?
　그 교사는 독일어를 잘 설명할 수 있었는가?
　그 교사는 당신에게 독일 언어와 문화에 관심을 일깨워 주었는가?

독자의 독일어 수업에서 특히 무엇에 중점이 두어졌나?
　　말하기
　　쓰기
　　읽기
　　듣기
　　번역
　　훌륭한 문법지식
　　훌륭한 어휘지식
　　훌륭한 발음
　　정확한 정서법
　　독일어권 국가에 관한 지식
　　문학 텍스트의 취급

독일어에 대한 설명은 어떻게 이루어졌는가?
　　주로 모국어로
　　자주 모국어와 비교하면서
　　거의 독일어만으로

> 지금 당시의 독일어 수업을 어떻게 평가할 것인가?
> 독자 자신이 수업을 진행한다면, 독자의 선생님과 같이 가르치고 싶은
> 것은 무엇이고, 달리 하고 싶은 것은 무엇인가?

1.2. 외국어 수업 방법론이 다양함에도 새로운 방법론이 여전히 개발되는 까닭은 무엇인가?

[미리 생각하기]

독자는 외국어 수업의 새로운 교수방법이 고안되는 이유가 무엇이라고
생각하는가? 교수방법이 바뀌는 이유는 또 무엇인가?

1.2.1. 요인모델

[과제 2]

> 다음에는 교수방법의 고안에 영향을 미칠 수 있는 몇 가지 요
> 인들이 제시되어 있다. 독자는 어떤 것이 특히 중요하다고 생각하
> 는가?

외국어 수업의 방법론은 다음의 영향을 받는다.
- 교육학과 수업연구에서 제시된 여러 가지 제안
- 언어학에서 새로운 인식의 영향
- 목표어 국가에 대한 생각
- 개인의 학습전제조건(언어재능, 학습속도 등)과 집단의 특성(예, 한 학
  급의 소년과 소녀들)
- 독일어를 제2, 제3 외국어로 배울 때 다른 외국어에서 이미 경험한 학
  습방법

- (문학)텍스트를 다룸으로써 받은 생각
- 학습집단의 구체적인 목표(예, 여행자/여비서를 위한 독일어)
- 자국에서의 교수와 학습 전통
- 모국어 수업의 교수방법
- 학습심리학과 발달심리학의 응용

[예]

이와 관련된 몇 가지 의견:

(a) 위의 요인들은 외국어로서 독일어 학과의 교수법과 방법론이라는 그물망(Netz)의 "매듭(Knotenpunkt)"이라 할 수 있다. 이 매듭은 매우 특정한 방식으로 서로 결합해 있으면서 상호 영향을 미친다. 이를테면 몇 가지 요인들이 심하게 바뀔 경우에는 교수법– 방법론 그물망이 새로 짜여져야 하는데, 이렇게 하여 새로운 방법이 생겨나게 된다.

그러나 외국어 수업의 역사를 보면, 개별 요인을 지나치게 강조하였던 수업방법의 제안도 끊임없이 있었다, 예를 들면:

- 언어학이나 학습이론의 특정한 학파를 지나치게 강조함
- 특정한 문화권이나 학습집단에 맞게 개발된 학습방법(예, 유럽의 인접 국가나 김나지움과 같은 특정 학교형태에 맞는 방법)을 보편적인 것으로 보급하였음
- 수업의 특정한 목표설정(예, 문법지식, 일상대화를 위한 대화모형 습득 등)이 절대화되었음

(b) 위 요인들이 임의로 서로 결합되거나 연관되지 않는 것에 주의할 필요가 있다. 이들의 종속관계는 포괄적으로 결정되는데, 이는 다음의 도식에서 잘 나타난다.

포괄적인 사회적 차원	사회적, 문화적 요인들	예: 특정 외국어 선호, 자국문화에 따라 형성된 학습전통
일반 교육학적 차원	학교에서의 학습에 필요한 제도적 요인들	예: 학과 규준에서 학과의 위치 (제1, 제2, 제3 외국어로서 독일어), 연간 시간 수, 교양/교육에 대한 일반 관념, 학습이론에 대한 일반 진술
학과 차원	교과목으로서 독일어: - 학습목표 규정 - 학습소재의 선정과 등급화 - 교수소재의 처리 (교수 자료)	전공학문의 연관상태: - 언어학 - 지역사정 - 문예학과 텍스트학 외국어 학습과 관련된 언어심리학, 기억심리학, 발달심리학의 인식
학과수업 차원	독일어시간	

<table>
<tr><td colspan="2" align="center">전공과목 방법론</td></tr>
<tr><td>다음에 대한 방법제안과 수업원칙 :
 - 수업구분(단계 구분)
 - 수업형태
 - 수업매체(교재)
 - 수업조직</td><td>요인들 :
 - 교사
 - 학습집단
 - 학습소재/학습목표
 - ……</td></tr>
</table>

아래에서는 이 도식과 관련해서 몇 가지 설명과 예문을 제시하겠다.

1.2.2. 포괄적인 사회적 차원

(1) 예를 들면, 제2차 대전 이후 서독의 학교에서는 영어가 제1외국어로, 프랑스어가 제2외국어로 실시되었고, 옛 동독에서는 러시아어가 지배적인 위치를 차지한 것은 우연이 아니다. 이는 두 독일 국가가 "서방"체계와 "동

방"체계에 속해 있었고, 당시 지도동맹국이던 미국과 구 소련연방으로부터 영향을 받은 때문이다.

(2) 지리적, 문화적 거리감 때문에 일본어와 중국어는 독일연방 공화국의 학교에서는 교과목으로서 역할이 미미하다.

(3) 독일 국민의 휴가 관습 때문에 스페인어와 이탈리아어 - 독일의 학교에서는 거의 가르치지 않는 외국어임 - 는 시민대학(Volkshochschule)의 성인교육 분야에서 중요한 역할을 한다.

(4) 몇몇 문화권에서는 문어(geschriebene Sprache)가 교수언어(Lehr--Sprache)로서 특별한 위치를 차지한다(예, 코란의 전통을 가진 회교권). 몇몇 문화권(예, 중동지방과 아시아 국가들)에서는 아주 특정한 형태의 교수(권위자로서의 교사/정면 수업(Frontalunterricht))와 학습(텍스트 암기와 기억하기)이 중요한 의미가 있다.

(5) 그밖에 중요한 요인으로는 학습자의 모국어, 모국어와 독일어와의 친족성, 자국 문화권과 독일어권 국가와의 친근감과 거리감(지리적, 문화적 친근감)도 있다. 언어, 문화 전통과 가치관이 독일인에게 상대적으로 친근한 것이라면(예, 네덜란드어나 덴마아크어처럼), 독일어 학습자는 독일어체계(문법/어휘/발음/정서법)를 올바로 이해하는 데, 특히 읽기나 듣기에서 독일어를 '이해'하는 데에 별다른 어려움이 없을 것이다. 그는 지역사정과 관련된 주제나 내용도 이를테면 인도네시아의 학습자보다 더 쉽게 받아들일 것이다.

모국어문화에 따라 형성된 가치체계, 생활습관과 학습태도는 학습과정을 촉진시킬 수도 있지만 어렵게 할 수도 있다.

1.2.3. 일반 교육학적 차원

(1) 교과목(Schulfach)으로서의 독일어는 당연히 나라마다 상이한 일반 교육학 지침과 연관되어 있다. 학교는 자라나는 세대가 문화전통을 알게 하고 받아들이게 한다. 그렇다면 우리는 학교에서 전문분야의 내용을 넘어서서 "인생을 위하여" 무엇을 배워야 할 것인가?

경험에 비추어 보면, 독일에서 제작된 교수자료들이 문화와 교육 전통이 다른 나라에 도입될 경우에 자주 갈등과 불안이 일어날 수 있다. 이는 주제와 내용, 텍스트(지문), 그림, 사진과 관련될 수 있으며, 문법서술방식과 또한 설명하고 연습하는 방식, 그리고 학습한 내용을 응용하고 검증하는 방식과도 관련이 있다. 특히 '권위자'로서의 역할에 익숙해진 교사가 갑자기 동료 '친구'가 되어야 한다면 갈등에 빠지게 된다.

(2) 독일어가 제1외국어로서, 아니면 제2/제3 외국어로서 가르쳐지느냐의 여부도 중요하다. 예를 들어, 영어를 제1외국어로 배우는 학생은 자기도 모르게 영어의 언어체계뿐 아니라 이 '유럽 · 게르만어'를 학습할 때 배운 주제, 내용, 상황의 기준을 독일어 수업에 연관시킬 것이다. 특히 그는 - 적어도 수업의 초기단계에서는 - 외국어를 처음 배울 때 습득한 방식을 독일어 학습에서 반복하고자 할 것이고, 그 때 생긴 학습습관도 적용하고자 할 것이다. 이는 독일어가 영어와는 전혀 다른 방법으로 가르쳐질 때 갈등과 학습장애의 원인이 될 수 있다.

1.2.4. 전문이론적 차원 : 관계분야의 학문이론

독일어 전문분야에는 물론 해당 전공학문(언어학, 문예학, 지역사정)도 포함되어있다. 이들은 학습목표의 내용을 구성하는 토대를 이룬다. 학습목표와 교수방법은 밀접한 관계에 있으며 예를 들어 문법수업에서 이를 알 수 있다.

(1) 우리는 한 언어를 다양한 방식으로 - 형식체계나 의사소통수단으로 - 기술할 수 있는데, 이로 인해 수업에서는 아주 다양한 문법모델이 응용된다.

(2) 유럽에서는 장기간 현재 사용되는 언어(영어, 프랑스어, 독일어 등)를 라틴어의 '안경'을 통하여 - 라틴어는 유럽에서 수백년 동안 교수되었고, 학술어와 국제 통용어로서 사용되었음 - 관찰하였고 라틴어의 규칙체계의 도움으로 기술하고자 하였다(이른바 '학교문법'). 이에 따르면, 라틴어에서 발달한 로만어들은 게르만어나 슬라브어보다 더 정확하게 기술될 수 있었다. 이 방법으로 '해당 규칙의 예외'가 만들어지고, 배워야하는 이유가 설명된다.

라틴어의 도움으로 중국어나 태국어를 기술하고자 한다면 당장 커다란 난관에 봉착하게 될 것이다. 이들 언어의 많은 현상 - 이를테면 음의 고저 변화에 따른 의미변화 - 이 그런 방법으로는 전혀 파악될 수 없기 때문이다.

외국어 수업에 토대가 되는 이론을 기술한 모델(Beschreibungsmodell)은 학습목표와 학습방식을 결정한다. 그러므로 구어는 문어와 전혀 다르게 전달되어야 한다.

개개의 '언어학파'에 대해서는 방법론을 논의할 때 자세히 다루기로 한다.

언어학에도 여러 학파들이 있듯이, 외국어를 최선으로 배우는 방법에 관한 견해도 다양하다(외국어 학습이론).

(3) 외국어 학습은 '한 언어구조의 규칙성을 의식적으로 파악하는 일'이라고 이해될 수 있다. 이때 학습자는 체계적으로 정리할 수 있는 사고를 교육받아야 한다(인지적 학습이론*).

(4) 외국어 학습은 언어를 통해 '행동양식'을 만들어 주고 행동 '습관'을 훈련하는 것이라고 이해될 수 있다(행동주의 학습이론*).

이에 대해서는 개별 방법론을 논의할 때 상세히 다루기로 한다.

개개의 교수방법론을 서술할 때 특정 언어학파가 특정 학습이론과 결합하여 외국어 수업의 교수 방법론을 대변한다는 점에 대해서도 자세히 논의하겠다.

1.2.5. 수업차원

(1) 교수교재(교재)와 이에 속하는 학습방법은 당연히 교사의 역할과 수업방식에도 영향을 미친다. 각각의 방법론에는 - 이 방법론을 논의할 때 알게 됨 - 교사가 수업에서 자신의 과제와 행동에서 준수해야 할 여러 가지 구체적인 규정들이 있다.

이 영역에서도 교사에게 요구하는 과제와 행동방식과 그리고 교사의 교육적 견해, 수업을 이끌어 가는데 필요한 교사개인의 재능과 취향간에 갈등이 있을 수 있다.

  (2) 어떤 교재라도 특정한 학습자 집단과 개별 학습자가 수업에서 요구하는 희망사항과 전제를 모두 고려할 수는 없다. 학습자 집단이나 개별 학습자에게 특징적인 요인 - 이를테면 수용능력과 집중능력, 학습속도, 학습 준비도와 동기, 집단의 역학적 과정(학급의 순간적인 분위기, 개별 집단 구성원에 의한 방해와 잡담 등), 집단구성(소년 - 소녀, 한 학급의 특정 사회층 출신의 자녀 등) - 은 구체적인 수업기획과 구성에 결정적인 영향을 미친다.

[각 나라 상황과의 관계]

[과제 3]
독자 나라의 외국어로서 독일어(DaF) 수업에 관한 첫번째 설문 조사

교재 14쪽의 도식을 자세히 보고, 독자 나라의 외국어 수업/외국어로서 독일어 수업의 특징을 핵심 단어로 적어 보시오.

사회적 · 문화적 요인 :

....

....

....

....

학교에서 학습할 때의 제도적 요인 :

....

....

....

....

전공과목과 관련된 요인(전공과목 교수법) :

....

....

....

....

전공과목수업 특징(전공과목 방법론) :

....

....

....

....

1.3. 개념정의의 어려움. 외국어 수업의 "방법론"이란 무엇인가?

앞장에서는 독일어 수업에서 수업을 진행하고 교수방법론을 적용하는 데에 영향을 미치는 여러 가지 요인을 배웠다.

- 포괄적인 사회적 요인
- 일반 교육학에 관한 분야
- 사회 제도로서 학교에 관한 분야
- 독일어 수업과목과 관련된 요인
- 교수집단/학급 상황에 의해 직접 발생하는 요인

[과제 4]

> 이 요인들을 근거로 하여 '방법론'이란 개념을 잠정적으로 정의하여 보시오. 독자는 어떤 요인이 특히 중요하다고 생각하는가?

'방법/방법론(Methode/Methodik)'이란 개념은 그리이스·라틴어 단어 'methodos/methodus'에서 파생한 것으로서, "특정한 목표에 이르는 통로/길"(Heuer 1979,11)을 의미한다.

전공과목 토론에서는 협의와 광의의 개념 정의가 있다(Eppert 1973,217f.).

[협의와 광의의 정의]

협의의 "방법론"은 전공과목수업의 차원에서 구체적으로 수업과정하고만 관련이 있다. 수업기획에 관한 지침과 수업자료의 개발을 포괄하여 수업을 통제하는 과정(Steuerungsprozesse)이 기술된다(Krumm 1981,217; Freudenstein 1970,176).

광의의 '방법'은 학습소재의 선정, 등급화, 분류의 요인도 포괄한다(Mackey 1965 참조).

[교수법/방법론]

과거의 사회주의 국가들의 전공에서, 즉 구 동독의 전공문헌에서도 '방법'은 흔히 확대된 개념으로 정의되어 사용되었다(Desselmann/Hellmich 1986, 18f.). 서독에서는 60년대 이래 '교수법(Didaktik)'(14쪽의 도식에서 전공분야 '외국어로서 독일어' 분야를 결정하는 요인들, 즉 목표, 내용, 학습소재의 선정과 전개)과 '방법론' (협의의 수업론(Unterrichtslehre)의 개념, 즉 앞의 도식에서는 전공수업(Fachunterricht)의 차원)이 구별되었다. 이런 식으로 이해한다면, 교수법은 교수내용을(무엇이 교수되는가), 방법론은 교수방법을(어떻게 교수되는가) 연구하는 것이다.

'방법'에 대하여 이처럼 다양하고 넓은 정의들이 나오게 된 이유는 무엇인가?

[방법론]

학습자료/학습방법이라는 두 영역을 '방법론(Methodenlehre)'이라는 개념으로 묶는 것은 한 국가의 어문학자들 간에 – 대개는 확실하게 제시되지 않은 – 포괄적인 사회적·제도적인 조건에 대한 동의가 이루어지고, 포괄적인 교육 목표설정에서 의견의 일치를 보게 되면 언제나 가능하다. 이러한 조건(학습소재 선정/학습목표)이 미리 밝혀진다면 폭넓은 방법론 개념이 필요하지 않다. 학교당국과 독일어 교사는 이를테면 독일어가 제1외국어가 아니고 차선의 외국어라는 점에 의견일치를 보일 수 있다. 그렇다면 외국어, 곧 독일어는 상급학교에서만, 즉 재능있고 능력있는 선별된 학생에서만 전수되어야 할 것이다. 이때 중요한 것은 체계적인 규칙지식의 전수(정신교육)와 독일 문학작품 읽기이다. 이 경우에는 이 목표에 해당하는 '수업론(Unterrichtslehre)'에 제한된 것이다.

[예 1]
50년대와 60년대 서독의 발전상:

서독에서 50년대 말까지 간행된 현대 언어 수업의 이론과 실제에 관한 저서들이 '방법론(Methodik)'(Bohlen 1952; Schubel 1958)이라고 지칭된 것은 특기할 만하다. 외국어 수업은 50년대에는 김나지움(Gymnasium)(그리고 한 학년학생들 가운데 극소수만 다녔던 중학교(Mittelschule); 이곳에서는 한가지 외국어, 즉 영어가 교육되었음)에만 국한되었다. 적령기 학생들 가운데 10%이하의 학생들 – 어느 정도 능력이 비슷한 엘리트들 – 이 김나지움을 다녔다. 이 학생들은 주로 문예학에 치중한 외국어 연구과정을 마친 어문학자들로부터 교육을 받았다. 이에 상응하여 외국어 수업은 '외국어를 통한 정신수양'과 '외국어 학습을 통한 체계적인 사고력 교육'과 같은 교육목표와 '목표어 국가의 문화와 문학에 대한 이해'에 맞는 목표를 지향하였다. 이에 걸맞은 교육은 체계적인 문법작업, 문화적인 업적들(위대한 인물들)에 관한 정보와 가치있는 문학작품 강독을 강조하는 수업이었다.
　　이러한 일괄적인 조건에 근거하여 영어와 프랑스어 수업을 위한 특정 교재(『Learning English』, 『Études Françaises』)의 독점현상이 나타났다. 즉, 교재와 수업방법도 동일하였다. 따라서 전공교수법 연구와 토론은 포괄적인 목표와 조건과 관련된 것(무엇이 교수되어야 하는가?)이 아니라, 실제 수업의 실행(어떻게 교수되어야 하는가?)과 관련이 있었다.
　　교육정책에 대한 동요가 일어나면서 문교부 장관이 하우프트슐레(Hauptschule)에 '모든 학생에게 영어교육'의 도입을 결정하고(1964), 교육학에서 전통적인 교육관을 재고하기 시작하면서 전공학문 영역에서 뚜렷한 변화(문예학의 새로운 시도; 언어학이 독어독문학(Germanistik)의 전공연구분야로 개설됨)가 일어나게 되었다. 특히 외국어에 대한 수요가 사회적·경제적으로 명백하게 변화하게 됨에 따라(50년대 말의 '스푸트닉(Sputnik) 충격') 외국어 교수법 학자들의 관심은 포괄적인 조건과 목표설정으로 옮아가게 되었다.

전공과목과 이 수업에 관한 근본문제를 다룬 결과로 전통적인 수업방법론이 주관적이며 근거 없는 '비학문적인 처방론(Rezeptologie)' (Achtenhagen 1969)이라고 비평받고 평가절하 되었다(Heuer 1979,115f.).

[예 2]
구 동독에서 외국어 수업의 특징

포괄적인 교육목표는 사회와 연관되어 제시되었다. 학생들은 "사회주의 인성" 교육을 받았다. 그 결과, 목표어 국가의 지역사정과 관련된 내용을 선정하고 자국과의 관계를 서술할 때 특정한 관점이 생겼다. 외국어 수업의 목표와 수업방법은 단일강의안과 단일교재를 통하여 의무적으로 미리 정해졌다.

[과제 5]

> 독자의 나라에서는 전공문헌에서 '방법(Methode)'에 관해서 어떤 개념이 지배적인지 알아보시오.

1.4. 교재는 특정한 교수법에 따라 저술된다. 교재에서 교수법의 특성을 잘 인식할 수 있다

[교과서와 방법론과의 관계]
독일어 교재는 매우 많다. 이들은 모두 동일한 목표를 지향하고 있는데, 외국어로서 독일어를 전달하는 일이다. 그러나 이 교재들을 겉으로만 비교

해 보더라도 아주 다양함을 분명히 알 수 있다.

- 독일어를 '숙달하기' 위해서 '무엇'을 배워야 하는가(예, 문법, 어휘, 발음, 정서법(맞춤법) / 읽기, 듣기, 말하기, 쓰기, 번역하기/지역사정, 문학). 각 교과서는 학습소재 분야에서 강조점(Schwerpunkt)을 달리 설정하고 있다.
- 학습소재가 어떤 '순서(Reihenfolge)'로 배열되어 있으며, 어떻게 연결되어 있는가?
- 독일어를 '할 수 있기' 위해서는 '얼마나 많이' 배워야 하는가. 이는 '외국어 수업의 방법론'이란 주제에서 핵심이 되는 질문이다.
- 최선의 수업구성 '방법(wie)'은 무엇이며(교수관점), 최선의 학습 '방법(wie)'은 무엇인가(학습관점)?

교재들은 특정한 수업안이 나올 수 있도록 교수방법의 개념과 원칙을 세분화하고 구체화한다. 몇몇 교과서들은 이제 더 이상 수업자료를 모아 놓은 창고가 아니다. 반대로 다른 교과서들은 개별 수업의 단계와 보조자료가 순서에 따라 아주 정확하게 (영화의 시나리오처럼) 시행될 수 있도록 수업을 '프로그램화'하고자 한다. 몇몇 나라와 언어에서 '교과서'와 '방법'이란 개념이 동의어로 사용되는 것은 우연이 아니다(프랑스어의 예: *méthode* = 교과서/교수방법).

[교재에서 방법론 구상]
교재가 어떤 방법에 따라 개발되었는지 어디에서 알 수 있는가?

다음의 분야를 정확히 관찰하면 교재가 어떤 방법론 원칙에 따라 구성되었는지 잘 알 수 있다.

(1) 단원의 텍스트
목표어 국가의 일상 언어사용에서 쓰이는 텍스트가 있는가(예를 들어 신문에서 뽑은 상황재현/ 원본 텍스트유형(authentische Textsorten): 보고,

광고, 논평, 선전 등), 아니면 특정한 언어 상황을 소개하기 위하여 교과서 저자가 직접 만든 것인가?(예, 새로운 문법과제나 새로운 어휘 – 이런 것을 문법용 텍스트 또는 합성적(synthetisch) 텍스트라고 함).

(2) 문법서술

문법규칙은 (모국어나 외국어로) 설명되어 있는가?

문법은 예를 통하여 소개되고 있는가?

먼저 규칙이 소개되고 다음에 예가 제시되고 있는가 아니면 그 반대인가? (이를테면 철자를 강조하거나 색이나 기호 등을 사용하여) 시각적인 도움을 주고 있는가?

몇몇 교과서에서는 문법이 완전히 빠져있다. 이것도 응용된 방법론에 대한 지침일 수 있다.

(3) 연습과 연속연습

교재가 편찬된 방법을 "단번에" 알아낼 수 있는 것은 단원의 연습문제편이다. 어떤 교수방법이든 학습목표를 달성하기 위해 아주 특정한 종류의 연습이나 연속연습을 선호하기 때문이다.

(4) 단원구성

각 교수방법에는 특정한 순서의 수업 단계와 과정이 포함되어 있다. 이에 따라서 아주 특정한 단원도식(Lektionsschema)이 개발된다. 예를 들어 교과서에 개별 단원이 문법규칙 제시부터 시작한다면, 먼저 단원 텍스트를 읽고 충분히 내용을 연습하거나 카세트로부터 어떤 대화를 듣고 상황그림을 보면서 할 때와는 아주 다르게 수업방식이 진행된다.

(5) 학습전개: 학습 프로그램의 구성

때때로 교과서의 방법론을 목차에서 알 수 있다. 어떤 교수방법이든 아주 특정한 학습목표와 학습소재를 강조하고 연결시키고(예, 문법, 텍스트, 주제, 숙련편, 어휘 등) 학습소재의 전개과정에서 어느 한 분야(예, 문법분야)에 중점을 두기 때문이다.

　다음의 도표는 교재와 응용된 교수방법과의 관계를 다시 한 번 제시한 것이다.

교수방법에 제시됨	교재에서 교수법을 특히 잘 인식할 수 있음
- 교수목표 '무엇'이 교수되어야 하는가(교수소재) 이때 고려되어야 할 점: • 포괄적인 사회, 교육여건 • 전공학문과의 관계(언어학, 지역사정, 문예학 및 텍스트학)	- 텍스트 　텍스트 선정 　텍스트 구성 - 문법 　선정및 순서 　설명 - 연습 　연습유형 　연습단계 　연속연습
- 교수방법/수업원칙 어떻게 교수되어야 하는가(수업원칙) 학습이론을 고려하여 다음의 제안이 개발됨: • 수업구분 • 수업형태 • 수업매체 • 수업조직	- 단원구성 　도입 　연습/확립 　체계화 　응용/대체 - 학습전개 　학습소재의 분류 　학습목표의 짜맞추기/조합

　그러므로 외국어로서 독일어 수업의 여러 가지 방법론을 서술할 때 전형적인 방법이 응용된 교과서에서 다음 분야를 분석하기로 한다.
- 텍스트
- 문법
- 연습
- 단원구성

- 학습전개

그리고 각 교과서에 어떤 방법이 토대가 되었나에 대해서 예를 들어 제
시하겠다.

[초급수업의 집중분석]
'초급수업(Anfangsunterricht)'용으로 쓰여진 교과서들을 집중적으로 분
석하겠다. 이런 교과서에는 교수방법의 원칙이 특히 명확하게 드러나기
때문이다.

2. 문법 · 번역방법(GÜM)

[과제 6]

> 자세히 생각해 보시오.
> "문법번역방법"이란 명칭에는 이 방법을 특징짓는 두 가지 개념
> 이 섞어져 있다. 이 두 개념은 무엇을 나타낸 것인가? 이 방법에
> 는 어떤 "프로그램"이 포함되어 있는가?

문법의 강조: 문법은 학습재료를 전개하는 중요한 요소이며 상위 '학습목표'이다: 문법을 잘 아는 사람은 외국어를 잘 한다!

번역의 강조: 번역이 외국어를 응용하는 목표이다: 정확하게 번역할 수 있는 사람이 외국어를 실제로 잘 하는 것을 뜻한다!

2.1. 몇 가지 지적사항

[몇 가지 역사적 측면들]

문법번역방법(GÜM)은 19세기 유럽에서 김나지움의 현대 언어 수업(프랑스어, 영어)을 위해 개발된 것이다. 그 당시 모범이 된 것은 김나지움의 언어 수업을 지배하였던 "고대 언어"(그리스어, 라틴어)의 수업이었다.

"살아있는" 현대 외국어 수업을 위하여 '죽은'(즉, 더 이상 말로 사용되지 않고 문자형태(Schriftform)로만 전해 내려온) 라틴어와 그리스어에 사용되었던 동일한 수업방법을 받아들인 것에는 몇 가지 이유가 있다.

(a) 당시 김나지움 수업의 주된 목표는 학생들의 "일반적인 정신교육

(allgemeine Geistesbildung)"이었다. 이러한 정신·형성 교육을 위해서 당시에는 특히 수학과 언어를 해야 한다고 생각하였다. 학생들은 언어 - 라틴어 - 의 논리와 체계를 이해하여야 했다. 이때 글자로 표현된 언어의 전유물("가치있는 문학")이 표준이 되었다.

(b) 학교에서 언어수업은 - 극소수 예외를 제외하면 - 김나지움을 다니던 학생들의 특권이었다. 이 학생들은 아주 적은 수의 "교육 엘리트 집단"("교양 시민계급")이었다.

(c) 새로운 현존 언어 과목들은 - 일차적으로 프랑스어와 영어 - 김나지움에서 학과목으로 수용되고 정신교육의 포괄적인 목표를 달성하고자 라틴어와 그리스어와 경쟁관계에 놓이게 되었다. 그래서 이 과목들은 유사한 수업목표를 설정하고, 비교 가능한 수업 방법을 이용할 수밖에 없었다.

19세기 말 독일에서는 현대 언어 수업이 고대 언어 수업과 다른 목표와 방법을 개발해야 되지 않느냐에 대해서 현대 문헌학자들 사이에 격렬한 논쟁이 벌어졌다.

문법번역방법의 '고전적인' 구상은 학습집단이 출발어(모국어)가 동일하고, 집단의 나이, 지식 및 교육수준이 비슷하고 "성취의욕이 강하다"는 것을 전제로 한다. 예를 들어 김나지움의 외국어 수업이 이에 해당된다.

다음 부분에서는 문법번역방법에 따라 만들어진 교과서를 살펴보겠다. 이때 다음 사항에 유의하자.

- 내용순서(학습소재 배열)
- 문법제시
- 연습문제와 연습텍스트
- 학습단계

2.2. 문법번역방법에 따른 교과서

예시적으로 교과서를 하나 선별하였는데, 이것은 영어가 모국어인 학생들을 위해 개발된 교과서이다. 4년간의 독일어 수업과정을 목표로 0-등급 시험(독일 학교의 "중급자격 Mittlere Reife"에 상당)에 해당하는 강의내용을 담고 있다: A. Russon, L.J.Russon(1955): Simpler German Course for First Examinations.

먼저 순서를 살펴보자.

내용 순서

영어원본	우리말 번역
Section I : Grammar Word Order Conjunctions The Articles Nouns The Cases Adjectives Adverbs Numerals, Dates, etc. Pronouns Prepositions Verbs	단원 I : 문법 어순 접속사 관사 명사 격 형용사 부사 수사, 날짜, 등등 대명사 전치사 동사
Section II : Sentences and Phrases on Grammatical Points Exercises 1 - 35	단원 II : 문법적 현상에 대한 문장과 구 연습 1 - 35
Section III : English Prose Passages for Translation	단원 III : 번역을 위한 영어 산문 텍스트
Section IV : Free Composition	단원 IV : 자유 작문
Section V : German Prose Extracts Hints on Answering Comprehension Questions (A) Passages for Translation, Comprehension or Reproduction	단원 V : 독일산문 발췌 이해 질문 대답용 힌트 (A) 번역 또는 텍스트이해를 위한 인용 텍스트

<table>
<tr><td>

(B) Passages for Translation, Comprehension
　　or Reproduction

Section Ⅵ : German Verse for Trans-
　　　　lation or for Exercises in
　　　　Comprehension

Vocabulary
German-English
English-German
Index to Grammar Section
......

</td><td>

(B) 번역, 텍스트이해 또는 듣고
　　요약하기(Nacherzählung)을
　　위한 인용 지문

단원 Ⅵ : 번역 또는 이해연습을
　　　　위한 독일 서정시

어휘색인
독어-영어
영어-독어
문법 사항 색인

</td></tr>
</table>

이 목차에서 다음과 같은 것이 눈에 띈다.

<1> [학습자료 배열]　교과서는 단원으로 구분되어 있지 않고 블럭형태로 구분되어 있다. 즉, 단원 Ⅰ은 문법을 담고 있으며, 단원 Ⅱ-Ⅵ는 연습문제를 포함하고 있는데, 문법연습(Ⅱ), 번역 또는 읽기, 쓰기를 위한 텍스트(Ⅲ-Ⅳ)로 구성되어 있다.

<2> [품사에 따른 문법]　첫 번째 장에는 문법이 제시되어 있다. 문법내용은 품사별로 나누어져 있다. 교수자료는 병렬로 된 블럭형태로 정리되어 있다. 문법내용의 전개는 "단순한 것에서 어려운 것으로"라는 원칙을 따른 것을 쉽게 알 수 있다.

<3> [연습의 중점]　연습부분에서는 다음이 강조되었다.
- 문법현상에 따른 문장형성(제 Ⅱ 장)
- 번역연습
　모국어에서 외국어로(Ⅲ)
　외국어에서 모국어로(Ⅴ와 Ⅵ)
- 독해력 증진을 위한 연습(Ⅳ와 Ⅵ)

– 작문력 증진을 위한 연습(IV와 Vb)

문법, 번역, 읽기/쓰기에 중점을 두고 있다.

[요약]

교사는 이 교과서를 "쪽수에 따라서"/"앞에서 뒤로" 다루어서는 안되고, 가르치는 순서를 직접 작성해야 한다. 이에 대한 – 다음에서 보게 됨 – 지침(이를테면 문법에서 연습문제까지)이 교과서에 제시되어 있다.

그 결과 다음과 같은 수업단계의 과정이 이루어진다.

2.3. 수업단계

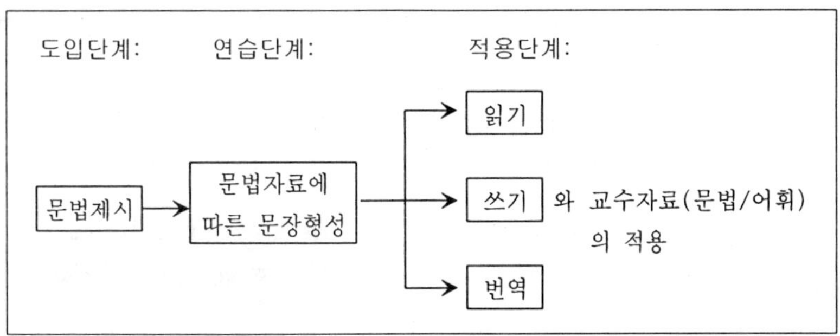

교사는 적용단계에서 무엇에 중점을 둘 것인가를 결정한다.

2.4. 문법제시

제 I 장의 예를 살펴보기로 하자.

전치사

---

　　82. Prepositions governing the Accusative or Dative

(a) After the following nine prepositions the accusative is used the show movement to a place, the dative to show rest or movement at a place.

　　82. 3/4격 지배 전치사

(a) 다음 9가지 전치사 뒤에는 어느 장소로의 진행을 표시하기 위해 4격이, 어느 장소에서 정지상태를 표시하기 위해서는 3격이 사용된다.

an, *on, at, to by*	über, *over, across*
auf, *on (horizontal surface only)*	unter, *under, among*
hinter, *behind*	vor, *in front of, before*
in, *in, into*	zwischen, *between*
neben, *near, next to, beside*	

Note. ans = an das; am = an dem; aufs = auf das; ins = in das; im = in dem; übers = über das; überm = über dem; vors = vor das; vorm = vor dem.

Er setzte sich an **den** Tisch	*He sat down at the table.*
Er saß an **dem** Tisch.	*He was sitting at the table.*
Er setzt sich auf **den** Stuhl	*He sits down on the chair.*
Er saß auf **dem** Stuhl.	*He was sitting on the chair.*
Er stellte sich hinter **mich**.	*He came and stood behind me.*
Er stand hinter **mir**.	*He was standing behind me.*

(Russon 1955, 53)

"전치사" 단원 전체는 다음처럼 구성되어 있다.

- 4격 지배 전치사(79)

- 2격 지배 전치사(80)

- 3격 지배 전치사(81)

- 4격과 3격 지배 전치사(82)

문법설명을 기술해 보기로 하자.

<1> 각 장에는 먼저 문법과제(Grammatikpensum)가 열거되고 – 모국어
로 작성된 – 규칙이 제시된다. 규칙의 예외는 규칙의 끝부분에 (작
은 글씨로) 열거된다.

<2> 각각의 문법규칙에는 '삽화설명'에 맞는 예문들이 주어진다. 각 예
문은 모국어로 번역되어 있다.

2.5. 연습

2.5.1. 문법연습

제1장의 각 문법 단원과 관련된 특별한 연습문제들이 제2장에 있다. 이
들은 모두 다음과 같은 모형에 따라 구성되어 있다.

---

20. Prepositions
(§ § 79-81)

1. He came home about seven o'clock after he had gone right round the
town. 2. They all sat round the long table till nine o'clock. 3. In spite of the
great difficulties since the last war the Germans haven't lost (the) courage.
4. He lives at his uncle's opposite the white house. 5. On our arrival we
went immediately to bed. 6. In my opinion he did it against his will. 7. We
have lunch every day at home. 8. They were walking in the direction of
London. 9. In this weather it is quite impossible to work in the garden. 10.
He is not entirely without means, for he has been working now (already)
for two years. 11. For what reason did you come along this street? 12. He
went to school at the age of six. 13. Because of the cold weather they
stayed at home. 14. They came by boat towards the end of the month. 15.
During the last war many people lived outside the bigger towns. 16. As he
hadn't any money on him he couldn't go by train. 17. He said in a quiet
voice: "Yes, it is a picture by Dürr." 18. Although I live in the midst of all
these people, except for you I hardly see anybody (I see almost nobody). 19.

The judge was a man of sixty. 20. What are you doing at Christmas? We are going to Paris.

번역:

20. Präpositionen
(§§ 79-81)

1. Er kam etwa um sieben Uhr heim, nachdem er durch die ganze Stadt gegangen war. 2. Sie saßen alle um den langen Tisch bis neun Uhr. 3. Trotz der großen Schwierigkeiten seit dem letzten Krieg haben die Deutschen den Mut nicht verloren. 4. Er wohnt bei seinem Onkel gegenüber dem weißen Haus. 6. Meiner Meinung nach tat er es gegen seine Überzeugung. 7. Wir essen jeden Mittag zu Hause. 8. Sie gingen Richtung London. 9. Bei diesem Wetter ist es ganz unmöglich im Garten zu arbeiten. 10. Er ist nicht ganz mittellos, weil er jetzt schon zwei Jahre arbeitet. 11. Aus welchem Grund kamst du diese Straße entlang? 12. Mit sechs ging er zur Schule. 13. Wegen des kalten Wetters blieben sie zu Hause. 14. Gegen Ende des Monats kamen sie mit dem Schiff. 15. Während des letzten Krieges lebten viele Leute außerhalb der Großstädte. 16. Da er kein Geld bei sich hatte, konnte er nicht mit dem Zug fahren. 17. Er sagte mit ruhiger Stimme: „Ja, es ist ein Bild von Dürer". 18. Obwohl ich mitten unter all diesen Leuten lebe, treffe ich außer dir kaum jemanden (fast niemanden). 19. Der Richter war ein Mann von 60 Jahren. 20. Was machst du an Weihnachten? Wir fahren nach Paris.

이 연습에서 두 가지가 눈에 띈다.

<1> 문법사항이 (외국어로) 번역되어 연습된다.

<2> 연습문제들은 문법의 각 사항에 맞게 '만들어졌고' 서로 연결이 되지 않는 문장들로 구성되어 있다.

2.5.2. 모국어로 된 비교적 긴 텍스트를 독일어로 번역하기(순행번역)

10. At the seaside

We sometimes spend[1] our holidays in[2] the country, but I prefer spending[1] them by the sea. This year the weather was magnificent. We had sunshine every day except on the first Sunday morning[3]; but it did'nt matter[4], for we went to church[5]. The sea was very warm and we often bathed three times a[6] day; and I learnt at last to swim. Father taught[7] me. I was very proud of[8] it. After bathing[9] we usually played all sort of[10] games on the sand or we simply lay[11] in the sun. We all[12] got[13] very brown except mother who is afraid of[13] the sun. Sometimes we made excursions along[14] the sea-shore and found strange fishes and plants everywhere. Once we were[15] cut off by[16] the sea and had to climb up[17] on to the rocks and wait at last[18] two or three hours. Fortunately[19] mother was not with us and knew nothing of[20] the danger till we were back. It could[21] easily have been very dangerous if we had lost our heads[22].

. . . . . .

(Russon 1955,129)

번역:

10. An der Küste

Wir verbringen Ferien manchmal auf dem Land, aber ich verbringe sie lieber an der See. Dieses Jahr war das Wetter großartig. Wir hatten jeden Tag Sonne, außer am ersten Sonntagmorgen; aber das machte nichts, da wir zur Kirche gingen. Die See war sehr warm, und wir badeten oft dreimal am Tag; und ich lernte endlich schwimmen. Vater brachte es mir bei. Darauf war ich sehr stolz. Nach dem Baden spielten wir normalerweise alle möglichen Arten von Spielen auf dem Sand oder lagen einfach in der Sonne. Wir wurden alle sehr braun, außer Mutter, die die Sonne nicht mag. Manchmal machten wir Ausflüge am Strand entlang und fanden überall seltsame Fische und Pflanzen. Einmal wurden wir von der See abgeschnitten und mußten zu den Felsen hinaufklettern und mindestens zwei oder drei Stunden warten. Glücklicherweise war Mutter nicht mit uns und wußte nichts über die Gefahr, bis wir zurück waren. Es hätte für uns leicht sehr gefährlich sein können, wenn wir den Kopf verloren hätten.

번역텍스트의 특징:

<1> 간단한 내용의 이야기들(흔히 일화들)이 연속되어 - 모국어로 - 서술된다.

<2> 각주(Fußnote)는 학생이 번역할 때 어떤 문법사항에 주의해야 하고 - 경우에 따라 다시 한 번 참조해야 하는지를 알려준다.

<3> 문법의 전체 내용이 다루어진 다음에야 번역을 할 수 있다.

2.5.3. 자유 작문

예:

10

Sie haben von Ihrem Onkel einen Zwanzigmarkschein zum Geburtstag bekommen. Bedanken Sie sich in einem Brief dafür.

Brief mit Zwanzigmarkschein auf Geburtstagstisch - was damit getan werden soll - möchte Flöte spielen - will Geld sparen - zwanzig Mark haben noch gefehlt - Summe ist jetzt vollzählig - gehe morgen Flöte kaufen.

das Geburtstagsschenk, *birthday present.*	die Sparbüchse, *money-box.*
sich schrecklich freuen, *be terribly pleased.*	das Sparkassenbuch, *savings-book.*
	das Taschengeld, *pocket-money.*
wissen wollen, *want to know.*	nichts ausgeben, *spend nothing.*
erzählen, *tell.*	sparen, *save.*
seit langer Zeit, *for a long time.*	die Belohnung, *reward.*
in Erfüllung* gehen, *be fullfilled.*	es möglich machen, *make (it) possible.*
es ist mir ernst damit, *I really mean it.*	das Schaufenster, *shop-windows.*
	......

(Russon 1955:163)

작문의 '주제'에 대하여 두 가지 도움이 제시된다.
<1> 작문의 구성에 도움이 되는 핵심단어들
<2> 중요한 단어들(두 언어로 단어를 대비시킴)

이 부분과 관련된 도입부에서 학생들이 어떻게 작문을 잘 할 수 있으며, 이때 무엇이 중요한가에 대한 지침이 있다: "단순함과 정확함을 추구해야 한다. ⋯⋯ 독일어로 자유 작문을 할 때는 독일어로 번역할 때와 같이 독일어에 관한 지식이 철저해야 한다. ⋯⋯"(저자 번역)

2.5.4. 번역연습("역행번역")과 읽기 연습용 독일산문 발췌

외국어로 번역하기 위한 텍스트와 자유 작문용 주제가 '일상적인 것'을 다룬다면, 학생들은 독해연습과 그리고 외국어에서 모국어로 번역할 때에 처음부터 '훌륭한' 외국어 텍스트 – 이들은 문법번역방법에 따르면 선정된 작가의 문학 텍스트임 – 를 다루는 법을 배워야 한다. 이는 언어의식을 외국어로(그리고 모국어로의 표현능력을) 훈련할 뿐만 아니라, 외국 문화에 대한 "문학 교육"의 일부이기도 하다.

예:

---

27. A deal

Er steckte die Hand in die Tasche und zog einen ziemlich großen Beutel, aus starkem Leder, an zwei kräftigen ledernen Schnüren heraus und händigte ihn mir ein. Ich griff hinein und zog zehn Goldstücke heraus und wieder zehn und wieder zehn und wieder zehn; ich hielt ihm schnell die Hand hin: "Abgemacht! Für den Beutel haben Sie meinen Schatten." Er nahm meine Hand, kniete dann sogleich vor mir nieder, und mit einer bewundernswürdigen Geschicklichkeit sah ich ihn meinen Schatten, vom Kopf bis zu meinen Füßen, leise von dem Grase lösen, aufheben, zusammenrollen und falten und zuletzt in die Tasche stecken.

Er stand auf, verbeugte sich vor mir und zog sich nach dem Rosengebüsche zurück. Mir war, als hörte ich ihn da leise für sich lachen. Ich aber hielt den Beutel bei den Schnüren fest, rund um mich her war die Erde sonnenhell, und ich wußte noch nicht, was ich getan hatte.

Nach Adalbert von Chamisso(1781-1838): Peter Schlemihl

1. Warum hatte der Beutel Schnüre?
2. Was befand sich in dem Beutel?
3. Was wollte der Mann mit dem Beutel kaufen?
4. Woher wissen Sie, daß der Erzähler zu verkaufen bereit war?
5. Warum kniete der Mann vor ihm nieder?
6. Was machte der Mann mit dem Schatten, nachdem er ihn vom Gras gelöst hatte?
7. Wo verschwand der Schatten?
8. Woraus schließen Sie, daß der Mann höflich war?
9. War der Mann mit seinem Einkauf zufrieden?
10. Wann kann man seinen Schatten sehen?

Zum Nacherzählen(Umriß, S.234)
Zum Fortsetzen(Umriß, S.169)

. . . . .

(Russon 1955,204)

서문에서 저자는 텍스트와 관련된 질문이 주어진 글에서 쉽게 찾아서 대답할 수 없음을, 즉 '까다롭다(anspruchsvoll)'는 점을 지적하고 있다. 단순한 질문은 교사가 직접 작성할 수 있다.

언어 난이도가 높아짐과 문학 교육의 '완성도(Abrundung)'를 이 책의 끝에 실린 시선(詩選)이 보여준다. 이 텍스트들은 번역이나 독해력 훈련에 이용된다.

예:

---

23. *The light fails*

Der Vorhang fällt, das Stück ist aus,
Und Herrn und Damen gehen nach Haus.
Ob ihnen auch das Stück gefallen[1]?
Ich glaub, ich hörte Beifall schallen.
5 Ein hochverehrtes Publikum
Beklatschte dankbar seinen Dichter.
Jetzt aber ist das Haus so stumm,
Und sind verschwunden Lust und Lichter.

Doch horch! ein schollernd[2] schnöder[3] Klang
10 Ertönt unfern der öden Bühne; –
Vielleicht daß eine Saite sprang
An einer alten Violine.
Verdrießlich rascheln im Parterr[4]
Etwelche[5] Ratten hin und her,
15 Und alles riecht nach ranzgem[6] Öle.
Die letzte Lampe ächzt und zischt
Verzweiflungsvoll, und sie erlischt.
Das arme Licht war meine Seele.

1. Wo fällt der Vorhang und wann?
2. Wie zeigt man, daß ein Stück gefallen hat?
3. Woher wissen Sie, daß der Dichter nicht sicher ist, ob das Stück gefiel?
4. Warum war das Haus so stumm?
5. Wodurch wurde die Stille unterbrochen?
6. Warum nennt der Dichter die Bühne öde?
7. Was machte die Ratten verdrießlich?
8. Was zeigt, daß dies kein modernes Theater war?
9. Wann ächzt und zischt eine Lampe?
10. Warum vergleicht der Dichter seine Seele mit der letzten Lampe?

[1] Gefallen: gefallen hat.
[2] Schollernd: *vibrating.*
[3] Schnöder: *hateful.*

> [4] Das Partner: das Parterre.
> [5] Etwelche: irgendwelche.
> [6] Ranzgem: ranzigem.

(Russon 1955, 258), Heinrich Heine의 시.

몇몇 텍스트에 연습문제들이 계속 뒤따른다.

2.5.5. 듣고 요약하기(Nacherzählung)

주어진 핵심단어들을 이용하게 된다:

27. (S. 204) *A deal*

Beutel - Goldstücke - abgemacht - Schatten - kniet nieder - löst Schatten - steckt in die Tasche - verbeugt sich - zieht sich zurück - lacht für sich - ich halte Beutel fest - Sonnenschein - stehe wie versteinert da.

(Russon 1955, 234)

2.5.6. '이어쓰기(Weiterschreiben)' 연습

이 연습문제들도 핵심단어가 제시되어 있다.

예:

24

Setzen Sie "A deal" fort(Nr. 27, S. 204).

Schlemihl kommt wieder zu Sinnen - füllt Taschen mit Gold - verbirgt Beutel - eilt nach der Stadt fort - alte Frau ruft: "Sie haben Ihren Schatten verloren" - andere Leute bemerken es auch - vermeidet es, in die Sonne zu treten - muß über die Straße gehen -

> Jungen lachen über ihn - springt in eine Droschke - fährt zum Hotel - läßt Sachen holen - fährt zum besten Hotel - wirft einige Goldstücke hin - bekommt bestes Zimmer - verschließt sich darin - weint - so viel Geld aber keinen Schatten - was wird aus ihm werden?

(Russon 1955,169)

2.5.7. 받아쓰기

교과서의 서문에는 문학 텍스트를 받아쓰기로도 사용할 수 있음을 지적하고 있다.

부록에 있는 2개국어 어휘목록(독어-영어 단어대비)은 알파벳순으로 배열되어 있고 - 문법색인과 비슷하게 - 읽고 쓰고 번역할 때 도움이 된다.

[요약]

문법번역방법의 전형적인 연습형태:

<1> 문법 교수소재와 관련된 단문(Einzelsatz)을 모국어에서 외국어로 번역하기

<2> 특정한 문법현상이 '함께 나타나는' 내용상 연관이 있는 비교적 긴 텍스트 번역하기(모국어 - 외국어)

<3> 독일 문학 텍스트를 모국어로 번역하기

<4> 독일 문학 텍스트 읽기

<5> 주어진 텍스트(Textvorlage)를 글이나 또는 말로 요약하기

<6> (핵심단어를 이용하여) 작문하기 또는 주어진 텍스트를 계속해서 이어 쓰기

<7> 받아쓰기

연습문제와 관련된 도움말(문법 참조사항; 단어대비; 질문; 핵심단어 등)은 포괄적인 목표 - 언어 표현 내지 텍스트이해의 '정확성' - 가 확실하게

달성될 수 있도록 구성되어 있다.

어떤 교과서의 연습부분이 주로 문법연습/번역/읽기/쓰기과제(요약하기/받아쓰기/통제 작문(gelenkter Aufsatz)과 자유 작문으로 구성되어 있다면, 문법번역방법에 따라 집필된 교과서라고 확신해도 좋다.

2.6. 교수소재 전개방식

연습부분과 텍스트를 정확하게 관찰하면 학습소재의 구성과 전개에 대한 지침을 알 수 있다.

[기초 단계]
분명한 것은 문법번역방법이 우선 '전반적인' 문법 내용(여기에 속하는 어휘를 포함하여)을 가르치고 연습하는 것에 중점을 둔다. 언어과정의 "기초단계"는 전적으로 문법수업에 집중한다.

[심화단계]
그 다음 - "심화" - 단계에 가서 비로소 외국어 지식이 순행번역과 역행번역(Hin-und Rückübersetzung)에 그리고 독해와 글로 표현(schriftlicher Ausdruck)하는 데에 이용된다. 이때 (외국어로) 순행번역텍스트는 (문법과 어휘) 난이도에 따라 등급이 나누어져 있다. 문학 산문텍스트는 언어와 내용면에서 단순한 것이 선정되었거나 - 대부분의 텍스트가 이에 해당됨 - 언어를 간단하게 한 것이다. 시(詩)만은 원칙적으로 원래 형태로 그대로 두었다.

문학 텍스트들은 언어 교수법 관점에서 난이도에 따라 선별되거나 수정되었다. 이에 따라서 전 과정의 전개흐름은 다음과 같다.

[도식]

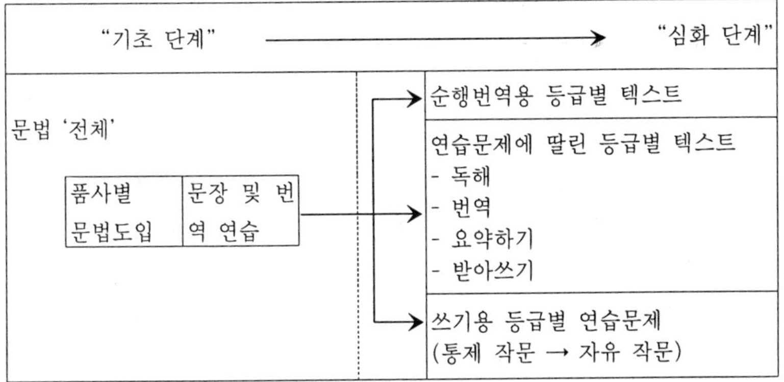

2.7. 수업의 진행

(a) [문법] 일반적으로 모든 수업단위는 하나 이상의 문법규칙을 도입함으로써 시작된다. 문법규칙은 모국어로 제시되고 설명된다. 그러므로 모국어 - 외국어/목표어가 아니라 - 는 문법번역방법의 수업언어(Unterrichtssprache)이다.

(b) [예문] 그리고 나서 문법규칙은 예문으로 명확하게 된다. 이때 새로 다루어야 할 문법소재에 보다 중점을 둔다. 연습문장에서 나타나는 다른 문제점은 논의되지 않는다. 예문은 모국어 번역이 딸린 목표어로 제시된다. 구두로 설명할 때 교사는 해당 전문용어를 (모국어로) 사용한다.

학생은 이런 방식으로 규칙을 명확히 알게 되고 또 외워야 한다.

(c) [어휘목록] 다음으로 어휘대비의 형태로 제시된 새 어휘목록이 뒤따른다. 어휘대비는 모국어 단어에 해당 외국어 단어가 부가됨을 뜻한다.

(d) [연습] 새 어휘는 이어지는 연습문제에 응용된다. 연습문제는 개별 단어, 문장의 일부 또는 전체 문장들로 구성될 수 있다. 연습문제들은 의미상 서로 무관하며, 문법 내용에 따라 함께 모아진 것이다. 이를테면 'sein' 동사 현재형을 위한 연습문제가 그렇다.

Dieses Haus ist groß. Sie ist beleidigt.
Der Hase ist dumm. usw.

이런 종류의 연습예문들은 모국어에서 목표어로, 아니면 반대로 주어질 수도 있다.

(e) [번역] 다음 목표는 학생들이 관련된 텍스트를 번역하는 것이다. 그러나 이 목표는 기초지식이 충분히 있어야 가능하다. 문법번역방법의 주요 대표자중 한 사람인 Gustav Tanger는 텍스트의 전체 내용이 이해될 수 있을 때에만 텍스트는 유용하며, 이는 기초 단계 수업에서는 모국어로만 가능하다고 생각한다. 그도 문법번역방법의 대표자로서 다음과 같이 노력하였다고 한다.

되도록 빨리 연관성이 있는 읽기자료를 얻고자 하였다. 그러나 개혁자들이 제시한 길을 따르기에는 많은 난관이 있다. 외국어의 초급수업에서는 시간이 경과하면 마땅히 얻어질 수 있는 성과가 학생에게 곧바로 나타나는 것은 중요하지 않다. 우리는 초급수업을 수업의 토대로 쌓아야 할 건물의 기초(Fundament)라고 본다. 그리고 모두가 우리를 어리석다고 하더라도, 임시건물(Rohbau)이 완성되기 전에 기초를 다져야 한다. 언어수업의 열매가 익기도 전에, 또 어떤 사람의 눈에 띌만한 싹이 나오기도 전에 그 열매를 따고자 하는 것은 불합리하다고 생각한다.(Tanger 1988, 인용: Hüller 1979, 50).

[과제 7]

중간결산 :

2.2에서 2.5에 이르는 교재분석을 통하여 문법번역방법의 몇 가지 중요한 특징을 알게 되었다.

<1> 문법번역방법에 대하여 당신이 알고 있는 점을 다시 한 번 요약해 보시오.
- 문법과 문법 제시에 대하여

- 연습문제의 유형에 대하여
- '단원' 및 수업단계의 구성에 대하여
- 학습소재의 전개에 대하여
<2> 독자 자신은 문법번역방법에 의한 수업경험이 있습니까?
독자는 이 교수방법의 장점은 무엇이고, 단점으로는 어떤 것이라고 생각하십니까?

2.8. 요약: 문법번역방법의 이론, 목표설정, 원칙

앞의 여러 장에서는 한 교과서에 근거하여 문법번역방법의 가장 중요한 특징을 살펴보았다.

다음 장에서는 - 방법론 구상에 필요한 차원과 요인의 도식 (이 책의 14쪽 참조)에 따라 - 아래 사항을 요약하겠다.

- 교육적 요인들(포괄적 차원)
- 언어학, 텍스트학, 문학, 지역학 요인(전공과목 차원)
- 학습이론 요인(학습목표의 내용을 전공과목수업에 응용하는 이론)

2.8.1. 교육학 이론

언어학습은 정신·형성 교육뿐만 아니라 자국 문화의 업적을 외국 문화교육과 연관시켜 인격(Persönlichkeit)을 형성하는 과정으로 간주된다. 외국어 학습은 유럽에서는 오랫동안 공식학교에서 높은 교양과 엘리트 교육의 특권이었다. 문법번역방법이 이처럼 "교양있는(gebildet)" 외국어 학습에 적합한 방법으로 평가되었기 때문에, 이 방법은 오늘날까지도 많은 나라의 현대 언어 교육에서 확고한 위치를 차지하고 있다.

2.8.2. 언어학 이론

목표어의 언어규칙이 라틴어 문법 범주를 근거로 (품사별로) 서술되고 규정되었다. 그러나 언어는 각기 다른 구조를 갖기 때문에 그 서술이 전반적으로 가능하지 않으며, 따라서 각 규칙의 예외도 설명되고 학습되어야 한다.

언어기술의 토대는 형식적인 기준에 따라 서술되는, 또 글자로 형성된 문어체 언어이다. 이때 언어는 체계적으로 짜 맞추어지고 논리적인 규칙에 따라 "언어 벽돌(Sprachbausteine)"로 만들어진 "건물(Gebäude)"로 간주된다. 언어숙달은 곧 언어지식을 의미한다.

2.8.3. 문학/지역사정

(형식화된 언어로서의) 문학은 한 언어공동체의 정신적인 업적이다. 문학에서는 문화적인 가치들이 독특하게 나타나는데, 이는 수용하고 이해할 만한 가치가 있다.

2.8.4. 학습이론

인지적 학습개념(구성규칙의 이해와 응용)이 근본이 된다. 언어학습은 정신교육(Geistesschulung), 조직적인 사고(思考) 교육을 의미한다.

2.8.5. 개념설명과 목표설정

문법번역방법은 종합적·연역적 방법이다. 이는 '외국어는 수많은, 개별 규칙을 연결함으로써 습득된다(연역적 방법)'는 뜻이다. 우리는 언어의 개별 부분에서 출발하여 단계적으로 전체 체계, 곧 종합체계를 형성한다 여기서 중요한 것은 외국어의 실제적인 숙달이 아니라 형식 구조와 규칙체계에 대한 의식적인 통찰이다. 주로 사용하는 수업언어는 모국어이다.

외국어 수업에서 문법번역방법의 주된 내용은 - 그 명칭이 암시하고 있듯이 - 문법규칙을 전달하는 일과 이 규칙을 번역텍스트에 실제로 적용하는 일이다. 외국어에서 모국어로의 번역이 주된 수업방법을 이룬다.

현대 외국어 수업의 주된 목적은, 문법번역방법의 대표자 중 한 사람인 Gustav Tanger에 따르면 "일반 정신교육(Geistesbildung)", "이성, 정서 또는 마음의 교육"(Tanger 1888, 인용: Hüllen 1979, 14)이다.

이런 목표에 이르기 위해서는 외국어를 실제로 사용하는 데도 숙달/숙련(Fertigkeiten)이 필요하다. 그러나 이러한 숙달은 목적을 위한 수단으로만, 즉 일반 정신교육에만 이용된다.

이러한 숙달은 무엇보다 언어의 '문어체 사용'과 관련이 있다. 학생은 텍스트의 내용뿐 아니라 형태도 파악할 수 있어야 한다.

이를 위해 선별된 텍스트는 목표언어 문화권의 '주요 작가 작품들'이다.

사전의 도움을 받아 배운 문법규칙을 이용하여 학생들은 텍스트를 이해하는 법을 배우고 '모국어로 번역할' 수 있어야 한다. 언어숙달이라는 학습목표는 문법규칙을 배우고 모국어에서 외국어로 뿐 아니라 외국어에서 모국어로 번역할 수 있고, 일정한 어휘가 학습되었을 때 달성된 것으로 간주한다.

2.8.6. 문법번역방법에 따른 수업원칙

- (모국어와 대비하여) 외국어의 구조규칙을 이해한다.
- 규칙을 적용하여 외국어를 재구성하고 정확한 문장을 재생산한다.
- 특히 눈에 띄는 연습형태로는 규칙 적용을 통한 정확한 문장형성, 문법규칙형성에 따른 문장변형, 모국어에서 외국어로 번역하기(순행번역)와 외국어에서 모국어로 번역하기(역행번역)가 있다.

2.9. 문법번역방법에 대한 비판

문법번역방법에 대한 비판이, 특히 나중에 "직접방법"의 개혁운동을 확고하게 관철할 수 있었던 교수법 대표자들에 의해 일어났다(3장 참조). 이 대표자들 가운데 한 사람이 Wilhelm Viëtor이다.

그는 문법번역방법이 살아있는 언어를 죽은 언어의 수단과 규칙으로 가르치고 있다는 점을 비판한다. 이것은 현존의 언어에는 결코 정당하지 않다는 것이다.

> [우리는] /.../ 한 때 문법학자에 의해 작성되어, 메디아인(Meder)과 페르시아인(Perser)의 법률처럼, 불변하는 일련의 경직된 규칙들로 언어의 문법을 짜 맞출 수는 없다. 반대로 문법은 사회가 만들어내는 것으로, 어제 유행되었던 것이 오늘은 잊혀지고, 오늘 맞았던 것이 내일은 틀리기도 하는 것이다.(Viëtor 1882, 인용: Hüllen 1979, 12)

계속해서 Viëtor는 문법번역방법에서 언어가 의미없는 개별 구성성분들로 와해된다는 점을 비판한다. 그는 언어가 개별 단어들이 이어져서 구성되는 것이 아니라 문장들로 구성되어 있다고 주장한다. 규칙의 경직된 사용은 마찬가지로 개별 단어나 문장의 경직된 연결로 이끈다는 입장이다. 그리고 이렇게 사용되면 실제의 진술내용을 전달하지 못한다. 그밖에도 Viëtor는 개별 단어와 고립된 문장은 학생의 흥미를 일깨우지 못한다고 생각하였다. 문법번역방법에서 수업의 본질이 대부분 단어와 규칙 암기에 있고 단지 기계적으로 학습된다. 학생은 문제영역을 (스스로) 다룰 수 있는 능력을 갖지 못하게 되고, 그의 사고력은 필요없게 된다. 과제물도 계속 순수 기계적인 작업, 즉 연습문장을 쓰는 것에 지나지 않게 된다.

Gustav Tanger는 이러한 비난에 대하여 다음과 같이 반박한다. 문법규칙을 스스로 터득하는 일은 어린애의 사고력을 지나치게 요구하는 것이다. 교사는 끊임없이 옆에서 도와주어야 한다. 그렇다면 이런 접근방식의 의미는 어디에 있을까? 학생은 이런 종류의 학습을 통하여 성급하고 근거없는 결론에 쉽게 익숙해진다. 그러나 외국어 수업의 목표는 형식적이고 논리적인 증명을 통하여 어린아이의 정신력을 촉진시키는 일이다 ("형성 교육원리", "일반 정신교육" 참조). 반면에 추상적인 문법규칙의 학습은, 문법번역방법이 실제로 수행하고 있는 것처럼, 학생들에게 훨씬 쉽게 이해될 수 있다. 규칙은 구체적인 것이어서 학생들에게 언어사용의 확고한 토대를 제공해 줄 수 있다. 학생들은 문법번역방법이 흔히 비난받듯이 "암송할 수 있을 정도로 규칙 자체를 배워서는 안되며, 학생들은 이 규칙을 이용하여 관련 연습문제를 풀어야 한다. /.../ 우리의 방법으로는 보통학생은 그가 "가지고 있었던" 것을 여전히 소유하고 있고(필자는 많이 비난받고 있는 이 표현을 의도적으로 사용하였음), 그가 배운 만큼 사용할 수 있으며, 너무 어려워서 학생에게 설명이 안 되는 것은 숨길 필요가 없다는 느낌을 언제든지 갖는다. 한 마디로 말하면, 학생은 처음부터 그가 접한 부분에 대해서는 명확성과 확실성의 느낌을 갖는다. 반면에, 분석적 방법은 적어도 처음에는 이런 느낌을 주지 못한다."(Tanger 1888, 인용: Hüllen 1979, 53)

[과제 8]

독자가 교과서의 저자라고 가정하여, 초급단계용 교과서를 문법번역방법에 따라 저술한다고 하자.

독자는 제15장에 이르렀는데, 이 장에서 문법과제로서 "2격 지배 전치사"를 소개하고자 한다.

<1> 문법서에서 어떤 전치사들이 2격을 요구하는지 조사하시오.
<2> 이에 대한 간단한 규칙을 모국어로 작성하시오.
<3> 각 전치사에 대한 간단한 예문을 작성하시오.
<4> 텍스트를 하나 작성하되, 그 안에 새로 소개하고자 하는 모든 전치사들이 나오도록 하시오
<5> 새로운 문법과제를 위한 세 가지 연습문제를 작성하시오.
   - 괄호넣기 텍스트

- 질문대답 연습
- 독일어로 번역되어야 할, 모국어로 된 텍스트

독자가 스스로 만든 "단원"을 독자 나라의 독일어 교과서 단원과 비교하시오.

문법번역방법은 독자 나라의 외국어 수업에 어떤 영향을 미쳤는가?

3. 직접방법(DM):
구청각방법(ALM)의 전신

[과제 9]

> 자세히 생각해 보시오.
> '직접(direkt)'이란 단어는 수업방법론에서 어떤 의미를 가지는가?
> "직접" : "우리가 모국어를 배웠던 것과 같은" 외국어 학습?
>   "직접 교사로부터" 배우는 외국어 학습?
>   "문법 규칙 없이" 배우는 외국어 학습?

3.1. 들어가기

문법번역방법을 설명할 때 여러 차례 19세기 80년대에 있었던 외국어 교수법의 개혁운동에 대해 지적하였다. 이 운동은 이른바 '직접방법(direkte Methode, DM)'을 낳았는데, 이는 - 역사적으로 보면 - 문법번역방법을 교체하여 전 세계에 알려진 구청각방법(ALM, 제4장)의 준비단계였다.

이 장에서는 직접방법의 주된 특징이 논의된다. 이때 직접방법은 개혁시대에 나왔던 수많은 방법론 가운데 대표적인 것으로 간주된다.

직접방법은 세기말에 외국어 수업을 위하여 새로운 길과 목표를 개발한 수많은 이론들 가운데 대표적인 것이다. 이 방법의 주된 관심사는 '지금까지 실행되었던 경직된 문법 방법에서 벗어나' '구어(gesprochene Sprache)가 절대적인 우위를 차지하는' 능동적인 외국어 수업으로의 방향전환이었다. '직접방법'이란 명칭은 외국어가 '직접(direkt)', 즉 장애가 되는 모국어가 개입되지 않고 전달되어야 함을 뜻한다. 모국어는 수업에서 되도록 배제된다. 이런 식으로 학생은 새 언어의 매체로만 생각하는 버릇을 가져야 한다. 그는 외국어를 모국어와 대비하여 접근할 것이 아니라, 새롭고 자립적인 언어체계를 넓혀가야 한다.

직접방법은 일차적으로 Berlitz라는 이름과 관련이 있다(Berlitz 1887 참조).

그밖에도 이 방법은 일부는 동의어라고 할 수 있는 명칭들로 알려져 있는데 반(反)문법(Anti-Grammatik) 방법, 개혁 방법, 합리적 방법, 자연적 방법, 구체적 방법, 직관적 방법, 분석적 방법 등이다(Morris 1966, 10 참조).

3.2. 개혁운동의 역사적 발전

직접방법의 개발은 Quousque tandem(독일어로 wie lange noch라는 뜻)이란 가명으로 발간된 1882년 『Der Sprachunterricht muß umkehren(외국어 수업은 바뀌어야 한다)』이란 저서에서 시작되었다(Raith 1967, 37). 이 책의 저자는 마르부르크(Marburg) 대학 교수 Wilhelm Viëtor였는데, 그는 문법번역방법에 관한 장에서 이미 여러 번 인용된 바 있다. 이러한 여러 가지 사실을 상기해 보면, Viëtor는 전통적인 문법 중심 교육방법의 결정적인 비판자로서 등장하였으며, 새로운 외국어 교육이 완전히 방향전환할 것으로 호소하였다.

Viëtor는 일차적으로 현존 외국어 교육에서 문자(Schrift)와 문법(Grammatik)이 우세한 것에 반대한다. 그에 따르면, 문법번역방법의 경직된 규칙들은 끊임없이 변화하고 있는 산 언어에 적합하지 않다는 것이다.

최선의 문법과 최대의 사전을 [학생의] 머리 속에 성공적으로 집어넣어 주었다고 하더라도 그 학생이 언어를 배웠다고 할 수는 없다. "언어는 음성으로 구성되어 있지 철자로 구성된 것이 아니다."고 저자는 유명한 언어연구가 Sayci의 말을 인용한다. /······/ "그리고 이런 사실을 제대로 알기도 전에 언어가 언젠가 올바로 사용되기를 기대하면 안 된다."(Viëtor 1882, 인용: Hüllen 1979, 12)

수업에서 우선되어야 할 것은 '능동적인 구두 언어숙달'이다. 그러므로 발음교육에 특별한 주의를 기울여야 한다. 음성학 지식과 발음기호가 외국어 교육에 포함되어야 한다.

계속해서 Viëtor는 단어목록에서 서로 무관한 단어들을 무의미하게 학습하는 것을 비판하면서, 이런 단어들을 문장과 연관시켜 제시하거나 문장맥락 안에 포함할 것을 요구한다.

> 그러나 무엇보다도 언어는 ― 사전편찬자의 목적을 제외하고는 ― 단어로 구성된 것이 아니라 문장으로 구성되어 있다. 우리는 단순히 긴 목록의 연관없는 단어들을 기억한다고 해서 결코 외국어로 말하는 것을 배우는 것이 아니다. 모든 문법규칙을 잘 안다고 할지라도, 정말 말을 해야 할 때에는 낱말을 연결시키지 못하고 우리에게 묻는 것을 이해하지 못한다.(Viëtor 1882, 인용: Hüllen 1979, 12)

그는 문법번역방법이 문법자체를 위해서 이용된다고 비난한다. 규칙학습은 학생이 규칙을 다양한 예문을 통하여 얻을 수 있을 때에만 의미가 있다. 따라서 Viëtor는 문법학습의 '귀납적 방법(induktiver Weg)'을 지지한다 ("예에서 규칙으로", 반대로 문법번역방법의 '연역적 방법(deduktives Verfahren)'은 규칙이 앞서고 이 규칙을 예문을 통하여 설명한다).

전통적인 문법방법에서 탈피하면서 Viëtor와 그의 동료들은 "현대 언어교육에 충격적인 개혁운동을 하였고 출판을 통해 전 독일에 삽시간에 퍼졌다"(Kahl 1962, 34/35). 19세기 90년대에는 개혁가들의 기본 생각이 현대 외국어를 위한 교수계획서(Lehrplan)에 제시되었는데, 내용은 다음과 같다.

> 현대 언어에서 교육의 목표는 모든 상급학교에서 외국어를 실지로 구두로, 글로 사용하는 것을 /.../ 중요시하고, 문법은 목적을 위한 수단에 불과하다는 변화를 경험하였다.(Bender 1979, 16).

[개혁운동의 원인]

이와 같은 개혁운동의 목표설정에는 여러 가지 원인이 있다: 지금까지 전통적인 방법이 극히 효과가 없었다는 점이 드러났다.

여러 학문분야에서 있을 수 있는 결점을 지적하였다:

언어학은 언어비교에 근거하여 각 언어가 특별한 방식으로 구성되어 있다는 것을 확인할 수 있었으며, 따라서 라틴어 규칙체계를 살아있는 현대 언어에 적용하는 것은 의미가 없다고 단정할 수 있었다.

음성학은 구어와 문어의 차이를 지적할 수 있었다.

끝으로 심리학 측면에서는 형식적인 교육원칙의 필요성에 대한 이의를 제기하였다.

[실용론적 목표]

그러나 교육목표의 변화에 결정적인 것은 특히 현대 외국어로 실제로 말하는 능력(Sprechfertigkeit)이 필요했던 세기말 독일정치, 경제 세력이 확장된 것이었다. 문법규칙의 지식과 주요 저서의 독서만으로는 새로운 요구를 충족시킬 수 없었다. 이에 따라서 형식적인 교육목표는 '실용적인' 목표로 바뀌게 되었다.

[과제 10]

다음을 간단히 요약하시오.

<1> 독자는 지금까지 직접방법에 대하여 어떤 특징을 알게 되었는가?

<2> 개혁가들이 문법번역방법에 반대하여 제시한 비판의 주요점은 어떤 것인가?

<3> 19세기 90년대 말에 외국어 수업의 "개혁방법"을 개발하게 된 원인은 무엇인가?

3.3. 직접방법의 목표

[언어감각의 발전]

예전에는 학생들이 문법규칙을 암기하여 예문 번역에 적용하는 것을 중요시했다면, 이제는 외국어의 규칙을 직관적으로 추론하는 상태로 바꾸어야 하고, 학생이 언어에 대한 감각을 스스로 개발해야 한다. 특히 학생은 교사를 모방하여 외국어체계에 숙달해야 한다. 그러므로 언어사용은 다소 무의식적인(unreflektiert) 차원에서 진행되어야 한다. '언어감각(Sprachgefühl)'이 언어 능력의 목표가 된 것이다.

이런 방법의 토대가 된 것은 외국어 습득이 기본적으로 모국어의 습득과 아주 유사하게 진행한다는 가정이었다. 그러므로 어린아이가 모국어 안에서 성장하는 것처럼 학생들도 외국어 안에서 성장해야 한다.

우리가 제2언어를 특히 학교에서는 모국어처럼 배울 수 없다는 것은 자명한 것이다. 전제조건이 완전히 다르기 때문이다. 그러나 기본적으로 우리가 모국어를 배웠던 방식과 외국어를 배우는 방식 사이에는 차이가 없다. 즉, 외국어의 경우에도 말하기가 쓰기보다 앞선다(Raith 1967, 43).

[자연적인 학습]

이런 맥락에서 "자연스러운 학습(naturgemäßes Lernen)"의 개념이 도입되었다. 즉, 학생에게 언어를 실생활과 가까운 상황에서 가르치고자 하였다. 그래서 이를테면 일상통용어(Umgangssprache)가 수업에 포함되었다. 학생에게 위대한 문학 작품을 읽히고 번역하게 하는 것은 더 이상 가치가 없게 되었으며, 학생은 일상상황에서 올바로 헤쳐나가는 것을 배워야 했다. 말하기를 배우는 어린아이에서처럼 첫 번째 단어와 문장들은 학습자의 직접적인 경험영역, 이를테면 가정이나 학교의 울타리에서 나온 것이어야 한다.

외국어체계는 배우는 언어를 말하는 외국인의 사상과 감정의 세계 그리고 생활상황에 접근하는 것임을 명시해 주어야 한다.

[연상방법]

외국어 학습은 모국어 관련체계로부터 벗어나서 연상방법(Assoziations-methode)*에 따라 행해져야 한다: 특정 개념이나 음성발화는 특정한 내용과 연관시켜 일정한 결합체를 연상시켜야 한다.

연상방법은 심리학에서 유래하였다. 이 방법의 대표자이자 직접방법의 공동 창안자인 Sweet는 연상의 의미를 다음과 같이 정의하였다:

실천적 언어연구에 심리학적으로 토대가 되는 것은 연상법(the great law of association) /·····/ 이다.

언어습득 전 과정은 연상형성(Assoziationsbildung)의 과정이다. 자신의 언어를 배울 때 우리는 단어와 문장을 생각, 착상, 행위, 사건들과 연상시킨다(Stern 1984, 317, 영어에서 저자가 번역한 것임).

[단일 언어성]

연상과정은 모국어를 거쳐 우회하지 않고 외국어로 생각할 때에 나타나야 한다. 개별 개념에 대한 생각, 연상이 아주 특정한 방향으로 이루어지는 것을 배제하고자 한다. 그리하여 모국어를 외국어 교육에서 되도록 멀리 몰아낸다.

[비교]

지금까지 직접방법이 의식적으로 전통적인 문법번역방법의 원칙 및 목표에서 벗어나고자 했다는 점을 명확히 제시하였다. 기본적인 차이를 다시 한 번 간단히 요약하여 도표로 제시하면 다음과 같다.2)

방 법	학 습 목 표	모 국 어
1) 문법번역방법: 인지적	문어적 언어사용/언어지식	

---

2) 이 책의 '독본편' 203쪽에서 개혁운동이 현대 외국어 수업에 미친 영향력을 보여주는 예로서 19세기의 80년대에 국제음성협회의 지침을 발견하게 되는데, 이것은 여섯 조항에 걸쳐서 직접방법의 특징을 요약하고 있다.

직접방법: 모방적	구어적 언어사용/언어능력	모국어는 외국어 수업에서 수업언어이자 관련대상어(Bezugspunkt)이다 (문법번역방법).
2) 문법번역방법: 연역적 　직접방법: 귀납적	의식적인 통찰 "많이 생각하지 않고" 응용	 모국어는 외국어 수업에서 장애요인이다 (직접방법)
3) 문법번역방법: 　　두 언어　사용 　직접방법: 한 언어사용	언어는 모국어로 설명되는 형식체계(로 파악된다) 언어는 모국어의 도움이 필요로 하지 않는 의사소통수단으로서 숙달되어야 한다.	

(Gnutzmann/Stark 1982, 21f.)

[과제 11]

> 〈1〉 직접방법의 가장 중요한 특징을 요약하여 보시오.
> 〈2〉 개혁방법이 발전하게 된 원인으로는 어떤 것이 결정적이었다고
> 　　　생각하는가?
> 〈3〉 직접방법의 주된 목표가 무엇인지 정의할 수 있는가?

3.4.　직접방법의 수업방식과 수업내용

3.4.1.　직접방법의 특징

직접방법의 가장 뚜렷한 수업원칙은 수업에서 '단일 언어성(Einsprachigkeit)'을 요구하는 것이다. 모국어는 외국어로 된 개념이 직접적으로 전달되는 것을 방해하는 요인으로 간주된다. "학생은 새로운 개념형성을 외국어로 하기 위하여 자신의 언어(모국어)를 수업시간 중에는 의식에서 완전히 몰아내어야 한다."(Kahl 1962, 38).

[연상]

외국어의 특정한 음성 발화는 '연상'*을 통하여 특정한 생각이나 기억과 관련을 맺게 된다. 배워야 할 언어의 단어, 문장, 문장형태에 맞는 관련 체계가 수업에서 외국어로 구성되어야 하며, 이 새로운 체계는 모국어와 분리되어 고정되어야 한다. 단어의 내용과 관련된 생각이 수업 초기단계에서는 필연적으로 모국어의 관련체계 안에서 진행되지만, 충분히 연습을 함으로써 모국어를 더 이상 필요로 하지 않을 것이다. 그래서 학생은 외국어에 맞는 자신의 연상 체계를 가지게 된다.

[대화]

이러한 목표설정에 따라 목표어로 하는 '대화'가 수업의 기본형태로서 나타난다. 외국어 학습은 (모국어를 학습할 때처럼) 주로 (청각적으로) '듣기(Zuhören)'을 통하여 진행되어야 한다. 교사는 학생이 '모방'해야 할 '언어모델'로서 이용된다. '듣고 따라하기(Hören und Nachsprechen)'는 외국어를 학습하는 가장 중요한 방법이다.

교사에게 요구되는 외국어 수준은 물론 이런 종류의 수업에서는 문법번역방법에서 요구되는 것보다 높다. 그러므로 교사는 모델로서 외국어를 유창하게 그리고 완벽하게 말할 수 있어야 한다.

[발음교육]

그러므로 직접방법에서는 특히 언어의 음향적인 면을 중요시한다. 지금까지 외국어 수업에서 발음훈련은 아무런 역할도 하지 못했다. 발음훈련은 필요악 이상으로 간주되었고, 일반적으로 언어교과(Sprachlehrgang)의 첫

장에 간단히 취급되었다. 발음훈련은 수업의 실제 목표(문법지식, 번역, 읽기와 쓰기)를 위해서는 아무런 의미가 없었다.

[모방]

발음훈련의 가장 간단하면서 오래된 방법은 '모방(Nachahmung)'이다. 예를 들면 Ascham은 1570년에 다음과 같은 생각을 하였다.

모든 언어, 곧 새로 배운 언어와 모국어는 오로지 모방을 통하여 습득된다. 왜냐하면 여러분은 듣기에 익숙해지면서 말하기를 배운다. 여러분이 다른 사람이 말하는 것을 듣지 못하면, 스스로 말하지도 못한다. 그리고 여러분이 들었던 사람들로부터 듣기를 배우게 된다.(Kelly 1976, 65, 영어로부터 저자가 번역한 것임).

[음성학]

학생은 특히 어려운 음성을 쉽게 모방할 수 있으려면 '음성학에 관한 지식'도 알아야 한다. 예를 들면 교사는 입술을 둥글게 하여 독일어 /y/를 조음하는 법을 학생에게 설명할 수 있다(Kelly 1976, 66).

발음하는 데 또 다른 도움은 외국인이 학생의 모국어를 말할 때 외국인 특유의 전형적인 강세(Akzent)를 학생에게 가르쳐 주는 일이다. 이를테면 프랑스 학생이 독일인이 프랑스어를 말하듯이 의식적으로 시도하면, 그 학생은 독일어 발음의 특징을 분명히 알게 될 것이다.

[직관성]

직접방법의 또 다른 기본 원칙은 '직관성(Anschaulichkeit)'이다. Friedrich Glauning은 1910년에 출판된 그의 저서 "고등학교에서 교육론과 수업론, Handbuch der Erziehungs-und Unterrichtslehre für höhere Schulen"에서 다음과 같이 기술하고 있다.

이른바 직관 방법(Anschauungsmehtode)의 주된 장점은 이것을 사용하면 학생의 머리 속에 언어 개념이 그림(Bild)을 야기하는 사물개념(Sachvorstellung)과 직접 연관된다는 점이다. 이러한 연관은 아주 긴밀하고 빨라야 하며 그래서 모국어

의 개념이 사물과 외국어 개념 사이에 밀고 들어갈 시간적·공간적 여지가 없어야
한다.

분명한 것은 /.../ 외국어 수업이 직관과 직관수단을 필요로 하며, 이들이 외국어
단어상(Wortbilder)을 보충하거나 명료하게 하고, 문법을 제시하고 개발하는 데에
나 아니면 어휘를 되도록 많이 습득하는 데에 필요한 토대로 이용될 수 있다. 전
자의 경우에는 언어적 개념이 후자의 경우에는 사물에 관한 개념이 학습자에게 먼
저 생길 수 있다. (Glauning 1919, 인용: Hüllen 1979, 70)

결국 직관성을 요구하는 수업내용을 구체적으로 전달하기 위해서 몇 가
지 방법이 전제되어야 한다.

'어휘 수업(Wortschatzunterricht)'은 다음 두 가지 요구사항을 준수해야
한다.

<1> 직관성
<2> 단일 언어성

[제시와 명명]

그리하여 특히 초급수업은 우선 학생들의 구체적이고 직접적인 주변환경
에서 진행된다. 교사는 학급에 있는 개별 사물을 이용하여 그것의 이름을
제시한다(benennen). 이런 식으로 교사는 한 번 '보여주고(vorzeigen)' '이름
을 제시하게' 될 구체적인 대상의 단어의미를 다음 형태로 전달한다: Was
ist das? – Das ist ein Tisch. 교사는 계속해서 특징을 말할 수 있다: Ich
öffne die Tür. 그는 수량 표시를 명확하게 할 수 있다: Ein Buch, zwei
Bücher. 그는 단어의 격을 설명할 수 있다: Das ist Petras Buch.(예들은
Raith 1967, 30 참조).

어휘를 전달할 때 이처럼 직접 보고 듣게 하는 방법은 이미 17세기 초에
"res et verba(사물과 단어)"의 결합을 요구한 J.A. Comenius에서 유래한
다.

[정의]

어휘를 말로 전달하는 두 번째 가능성은 '정의(Definition)'를 내리는 것이다. 이것은 교사가 구체적으로 보여줄 가능성이 없는 경우에 이 방법을 사용할 수 있다. 정의는 어떤 개념을 설명한다는 뜻이다. 여기서 물론 어떤 낯선 사람을 설명하기 위하여 서너 명의 또 다른 낯선 사람을 이용하는 위험이 따르게 되는데, 이는 무조건 피해야 한다. 목표에 가장 적합하게 정의하는 방식은 당연히 동의어(유사한 의미를 가진 단어)와/나 반의어(대립되는 의미를 가진 단어)를 사용하는 것이다. 물론 여기서 gehen - laufen 같은 단어쌍 사이의 미세한 의미 차이는 일차적으로 고려하지 않는다.

[문맥관계로 설명]

단어전달의 세 번째 방식은 '문맥관계'에서 어떤 '개념'을 '설명'하는 일이다. 이런 문맥관계에서 개념의 의미가 확연하게 드러나야 한다. 이때 하나의 문장에서 문맥관계가 생길 수 있다. 단어 Rad을 설명하려면, 다음과 같은 예문을 생각할 수 있다: *Ein Fahrrad hat zwei Räder, ein Auto hat vier Räder.* 또는 *entdecken*단어의 뜻을 밝히기 위해서 다음의 예문을 생각할 수 있다: *Kolumbus entdeckte Amerika.*

그러나 상황을 기술하여 새로운 외국어 개념을 설명할 필요가 있는데, 이를테면 *weil*이나 *noch*를 설명할 때다:

Wo ist Tom? Er fehlt, er ist zu Hause geblieben.
*Er kann nicht kommen, **weil** er krank ist.*

*Die Schule ist um zwölf Uhr aus. Um Viertel nach zwölf komme ich ins Klassenzimmer und finde Doris an ihrem Pult sitzen. Ich sage: Doris, es ist Viertel nach zwölf; warum bist du nicht zu Hause? Warum bist du **noch** hier?*
    (예, *Raith 1967,40* 참조)

물론 학생이 이런 종류의 예문에서 외국어 단어를 자신에게 설명하기 위해서 모국어 개념을 사용하지 않을까에 관한 물음은 미해결로 남아있다.

[시각적 요소]

개념을 말로 전달하는 것 외에도 직접방법 수업에서는 '그림', '벽그림(Wandbild)' 같은 수많은 보조수단이 응용되기도 한다. '간단한 행위'를 통해서도 특정한 개념이 생각날 수 있다. 학생은 자신이 행동을 하고 그 행동을 말로 표현할 수 있다. 이렇게 개념의 이해와 인지(Merken)는 여러 종류의 지각(Sinneswahrnehmung)을 통하여 쉽게 이루어진다. 직접방법의 대표자인 Max Walter는 이에 대해 다음과 같이 쓰고 있다.

> 행위의 느낌을 강조하고 음향을 각 기관에 따라 기억하는 것과 언어표현은 일차적으로 밀접하게 연관된다. 이 순간들이 생생하고 즐거울수록 더 많이 그리고 더 확실하게 습득된다. 그러므로 우리는 이제 행동에 매달리는 것이다(Walter, 인용: Kahl 1962, 38).

[통용어와 일상어]

직접방법의 수업목표가 직관을 요구하고 능동적으로 언어를 사용하는 것을 강조하기 때문에 어휘 영역을 문어(Schriftsprache)(문법번역방법 참조)에서 통용어와 일상어로 전환시키는 결과를 가져왔다. 결국 학생은 외국어 지식을 일상 상황에서 사용하는 법을 배워야 한다. 그는 외국인과 서로 의사소통을 하고 이해할 수 있어야 한다.

[문법수업]

직접방법은 '문법 수업'을 위해서는 어떤 방법을 사용하는가?

다시 한 번 전통적인 문법수업의 기본원칙을 상기해 보자. 문법수업은 연역적으로, 즉 문법규칙에 근거하여 이루어진다. 이 규칙은 모국어로 설명되고, 예문을 다루고 마지막으로 번역연습을 하였다. 수업에서 중요한 것은 논리적으로 분석하고. 언어의 규칙에 따라 외국어의 구성성분을 의식적으로 다루는 일이다.

[모방과 습관]

직접방법에서는 언어숙달이 언어를 무의식적으로 다루면서 이루어져야
한다. '모방(Nachahmung)'과 '습관(Gewöhnung)'은 학생에게 외국어의 '감
각(Gefühl)'을 전달해야 하는데, 이 감각의 도움으로 학생은 그 언어를 능
동적으로 응용할 수 있다. 학생은 어감에 근거하여 문장이나 말이 문법적
으로 맞고 틀림을 결정할 수 있어야 한다. 그는 이때 제일 먼저 규칙에 의
지해서는 안 된다.

'문법 규칙'은 직접방법수업에서 완전히 삭제되지는 않지만, 실제로 새로
학습한 것을 확인하고 요약하는 것으로서 수업단위의 '마지막'에 위치해야
한다. Raith는 이 이유를 설명하였다:

"규칙"으로 우리가 어린아이의 천진한 순수함을 깨트리고 있다는 것이 독자에
게 명확해졌는지 모르겠다. 즉, 규칙이 처음에 오게 되면 어린아이가 모국어를 훔
쳐보지 않고 그 규칙을 "응용"하게 된다. 반대로 규칙이 끝 부분에 오면, 어린아이
들은 이것을 앞으로 따라야 하는 규정(Vorschrift)이라 생각하지 않고 그들이 이미
알고 있는 것을 확인하는 정도로 생각한다. 어린아이들은 이미 항상 그렇게 말해
온 것이다(Raith 1967, 43)

'번역'은 때에 따라 그리고 특별히 어려움이 있을 때에만 행해진다. 그 이유는
Viëtor에 따르면 "외국어로의 변역은 학교와는 무관한 일종의 예술(Kunst)이
다."(Viëtor, 인용: Kahl 1962, 40).

[연습형태]

직접방법의 가장 중요한 연습형태로는 단일언어로 연습, 듣고 요약하기
(Nacherzählung) 그리고 배운 것에 관한 대화가 있다.

3.4.2. 직접방법에 따른 수업단위

'수업방식(Unterrichtsverfahren)'과 '수업내용(Unterrichtsinhalt)'을 요약
하면 수업의 전형적인 진행을 알 수 있다(Stern 1984, 459 참조).

수업시간은 보통 상황그림(Situationsbild)이 따르는 외국어 텍스트 - 흔

히 대화 – 를 중심으로 구성되어 있다. 이 텍스트는 대개 문법과제와 관련시켜 외국어로 특별히 작성된 이야기이다. 어려운 표현은 그림, 설명, 동의어를 통해서나 문맥관계에 근거하여 설명된다. 텍스트의 내용을 계속 알아내기 위하여 교사는 질문을 한다. 학생은 언어훈련(Sprachschulung)을 위하여 텍스트를 큰소리로 낭독한다. 문법의 규칙성은 – 교사가 이를 의미있다고 간주할 경우에 – 읽은 텍스트의 예문에 따라 학생 스스로가 알아내게 된다.

텍스트와 관련된 질문과 대답 또는 그 밖의 관찰자료(그림, 벽그림 등)에 관한 대화에 많은 시간이 할애된다.

연습은 문장보충(Satzergänzung), 문장전환(Satzumstellung), 받아쓰기, 이야기하기(Erzählung), 자유 작문 등으로 구성되어 있다. 중요한 것은 어떤 경우에서든 정확한 발음을 동시에 가르치는 일이다.

3.4.3. 교재의 단원

다음의 예에서 8-10세용 교과서의 한 단원(이 단원은 "과제(Aufgabe)"라고 지칭하였음)을 다루어 보겠다.

(Schlimbach 1964, 표지)

[과제 12]

> 독본편 204쪽과 아래 인용을 자세히 보고, 여백에 핵심단어를 적으시오: 어떤 요소들이 직접방법의 특징인가?

교재 서문에는 교사를 위한 다음과 같은 지침이 있다.

여기서 사용된 방법은 /.../ 현대적인 말하기 방법(Sprechmethode)이다: 듣기와 말하기 - 읽기와 극화하기 - 마지막으로 쓰기. 어린이는 전체 페이지 그림/사진을 보고 - 교사는 그것에 관하여 독일어로 말한다. - 어린이는 항상 반복되는 *Was ist das? Was heißt das? Wo ist ...? Wie ist ...? Was tut ...?* 같은 질문을 통하여 새로운 어휘를 배우고, 반복해서 활발한 토론을 시작한다. 어린이가 단어를 배우고 난 후에 제시되는 질문과 대답 그리고 대화는 구두로 연습하고 가능하면 암기해야 한다. 주의할 것은 어린이는 새로운 어휘로 된 과제를 잘 하였을 때에야 비로소 인쇄된 단어를 읽는(나중에는 쓴)다는 점이다. 학급에서 사용하는 언어는 독일어뿐이다. 단어들은 /·····/ 때때로 여백삽화(Randillustration)를 통하여 설명된다./...../ 때로는 설명될 단어가 모국어로 행해질 수 있지만, 너무 자주 해서는 안된다.
계속해서 교사는 실제 상황을 학급에서 만들어야 한다. /·····/
여기서 서술된 음성학과 문법의 체계는 /·····/ 비교적 숙달된 어린이를 위한 것이다. 때때로 교사는 예를 들어 대화에서 아직 해당 문법이 설명되지 않은 구문(Konstruktion)을 발견한다. 어린이는 이 구문을 기계적으로 모방하는데, 이는 나중에 문법설명을 할 때에 어린이에게 도움이 된다. 어느 정도 나이가 든 어린이는 규칙을 알거나 배우지 않고 문법연습을 할 수 있다. 교사의 재량에 속하는 것은 교사가 문법을 어느 정도까지 설명할 것이냐는 점이다. 중요한 것은 언어감각을 일깨우고 끊임없이 촉진시키는 일이다. /·····/(Schlimbach 1964, 4f.).

3.5. 직접방법의 이론

3.5.1. 교육학이론

직접방법은 교육개혁의 "후예(Kind)"이다. 교육개혁은 (유능하고 포용력 있는) 학생에게 학습소재를 "가득 채워 주는 것(Auffüllen)"으로 수업을 생각하지 않고, 학생을 발전하는 인격체(Persönlichkeit)로 받아들이기 때문에 새로운 길을 모색하였다. 이 방법의 특징은 다음과 같다.

[특징(Merkmale)]
- 이른바 "작업수업(Arbeitsunterricht)"에서 학생의 자발성을 자극하고 발견하는 학습
- 학습의 직관성과 구체성
- 전인 교육의 강조(이성뿐 아니라 정서와 육체의 강조)
- 교사역할의 새로운 이해: 교사는 학습과정에서 파트너이지 "몰아치는 교사(Lehrstoffpauker)"와 "다 아는 사람(Alleswisser)"이 아님
- 새로운 수업형태: 과제의 공동해결을 위한 파트너 작업과 그룹 작업
- 벌 대신 칭찬/엄격한 오류검사 대신 용기 북돋아 주기
- 수업에서 놀이에 의한 전개; 배운 내용을 스스로 시험함(Selbsterprobung)
- 수업계획에서 학습과정 요약하기

직접방법은 교육개혁의 이러한 요소들 가운데 다수를 교수·방법개념에 끌어들이고자 하였다. 직접방법은 근본적으로 이러한 교육개혁 관점의 영향을 받았다.

3.5.2. 언어학이론

라틴어의 전통 품사문법을 몰아낼 만한 언어학의 "새로운" 학파가 직접방법에서는 아직 없다(이 새로운 학파는 구청각방법이 형성될 때에야 생기게 됨). 그러나 외국어 수업에서 언어학이론에는 본질적인 변혁이 있었는데, 여기에 속하는 것은 다음과 같다.

<1> [구어] 구어체 일상어에 방향을 맞춤(문어로 구성된 문학에 방향을 맞추지 않음). 이런 이유 때문에 금세기 초에 학문분야로 설정된 음성학도 중요한 역할을 한다.

<2> [본보기 문법] 문법을 본보기 문법으로 작성함(더 이상 규칙문법이 아님). 문법규칙은 학습과정의 확인이자 요약이며 추가사항으로만 주어진다(문법규칙이 완전히 빠져있을 경우에 그러함!).

문법은 의식적으로 수업과정에서 제외된다. 그러나 문법은 학습소재를 전개하는 데에는 중요하며, 이 전개 원칙은 다음과 같다. 목표어의 단순한 언어 현상에서 복잡한 것으로. 일상어가 전달되어야 하기 때문에 전개 면에서 이러한 언어 기준과 관련하여 실용론적인 관점도 나타난다(어떤 관용어(Redewendung)가 자주 나타나며 유용한가?).

3.5.3. 문학/지역사정

[일상상황]

주목해야 할 것은 목표어 국가의 일상상황인데, 동년배들이 직접 체험하는 경험세계 같은 것이다. 그러므로 관련 그룹으로서 자주 "(다수의 어린이가 딸린) 교과서-가족"이 선택되고 그들의 생활이 제시된다. 텍스트의 내용을 이루는 일상 주제가 학습소재 전개에서 중요한 역할을 하는 셈이다. 능동적인 구어사용에 필요한 어휘가 내용/상황에 따라 달라진다.

노래, 시구, 이야기, 동화 등이 수업을 보충해 준다. "고상한(höher)" 문학은 이런 구상에서 완전히 배제된다.

3.5.4. 학습이론

[모방]

외국어 학습은 근본적으로 모국어 학습과 비교될 수 있는 과정으로 간주된다(그 과정이 비록 다른 조건에서 일어나더라도). 외국어 학습은 (문법)규칙과 이 규칙을 (번역에서처럼) 이용하는 것을 의식적으로 "인식하는 것(Einsichtnehmen)"이 아니라 (교사의) 표본이 되는 언어를 모방함(듣기 - 따라하기)으로써 이루어진 것이다. 예문과 대화의 암기 그리고 (상황그림,

교과서 대화 등에 관해서) 외국어로 대화하기와 따라하기, 자유롭게 노는 것(freies Spielen)이 직접방법의 학습 방식에서 특징적인 것이다. 어휘는 특히 연상 방법을 통하여 배우게 된다.

결론적으로 직접방법의 특징은 학습을 모방적, 연상적, 귀납적으로 구상한 것이다.

3.5.5. 직접방법의 수업원칙

- 구어가 문어보다 앞선다. - 듣기/말하기는 수업에서 읽기/쓰기보다 앞선다.
- 언어학습은 언어 본보기(Sprachvorbild)를 모방한다는 것이다. - "언어분석"(문법)의 강요와 "모국어를 통한 우회"가 없음
- 가능하면 언제나 수업에서 단일 언어성
- 상황성: 학습소재가 대화형태로 제시되는 일상상황을 포함
- 나이 일치: 기준점은 목표어 국가에 사는 동년배들의 경험세계임
- 전형적인 연습형태:
    · 질문과 대답
    · 따라 말하기 연습(Nachsprechübung)/발음훈련
    · 빈 칸 텍스트(Lückentext)/채우기 연습(Einsetzübung)
    · 대화 따라하기(Nachspielen)
    · 시구, 노래 등 외우기
    · 경우에 따라서는 받아쓰기와 듣고 요약하기

[과제 13]

> 『Kinder lernen Deutsch』의 단원을 제2장에 인쇄된(이 책 29쪽 이하 참조) 교과서 『Simpler German Course』의 단원과 비교하여 보시오.
> 어떤 공통점과 차이점을 확인할 수 있는가? 핵심단어들을 적으시오.

	『Simpler German Course』	『Kinder lernen Deutsch』 (서문의 참조사항도 유의하라)
새로운 학습소재의 도입		
문법설명		
연습		
어휘색인		
모국어 사용		
그림사용		
체계적인 발음훈련		

[과제 14]

관심이 있으면, 다음 과제를 다루어 보시오.

앞 장 마지막에서 독자는 "속격 전치사"에 관한 단원을 문법번역방법에 따라 구성해 보라는 과제를 받은 적이 있다.

30년 후: 독자는 교과서 저자로서 많은 것을 배웠고 개혁자의 생각에 수긍하였다. 이제 교과서를 다시 쓰기로 하는데, 이번에는 직접방법에 따라 작성되어야 한다.

독자의 과제는 '여격 지배 동사의 도입'이다.

- 어떤 동사들이 여격 보충어를 필요로 하는지 문법에서 살펴보시오.
- 여격 동사들이 나오는 이야기/대화를 단원지문으로 작성하시오. 여기에 상응하는 상황그림은 어떠해야 하는가?
- 각 동사와 관련된 예문을 작성하시오.
- 연습문제를 작성하시오(그림/지문에 대한 질문-대답 연습, 빈 칸

텍스트, 보충연습, 발음연습 등, 짧은 대화-놀이도 있어야 함)
- 관찰자료(시각적 요소)를 계획에 포함시키는 것을 잊지 마시오.

4. 구청각방법(ALM)과 시청각방법(AVM)

앞 장에서는 직접방법을 배웠다. 이것은 구청각 방법의 선구자로 간주되기도 하였다.

구청각(듣고 말하기) 방법은 시청각방법으로 계속 발전되었다. 이 장에서는 두 가지 방법을 다루겠다.

4.1. 구청각 방법(ALM)

4.1.1. 들어가기

[정의]

"구청각(audio-lingual)"이란 표현에는 두 개의 라틴어 단어가 연결되어 있다.

라틴어 *audire* = 듣다(hören)
라틴어 *lingua* = 혀, 말, 언어, 말하다

독일어로 번역하면, "구청각방법(audio-linguale Methode, ALM)"은 "듣고 말하기 방법(Hör-Sprech-Methode)"을 의미한다.

[과제 15]

> "듣고-말하기 방법"이란 명칭은 외국어 교육에서 아주 특정한 방안을 암시한다. 이 방안은 어떠한 모습인가?

구청각 방법의 성립:

구청각방법의 선구자인 직접방법은 개혁운동의 일환으로 19세기 말경에 유럽에서 개발된 것이었다. 직접방법은 특히 성인교육에서 확고한 지위를 차지하였지만(Berlitz 방법), 제1차 대전 후에 상급학교 외국어 수업을 위한 교과과정에서도 점점 더 주목을 받았다. 이에 실용적인 목표뿐 아니라 교육적인 목표도 추구하였다: 현대 외국어들은 국제 의사소통수단으로서 무시할 수 없었다. 그래서 학생들은 수업에서 외국어를 끊임없이 사용하고 교사를 모방함으로써 "언어감각"을 발전시키고, 외국어의 규칙성을 점진적으로 스스로 발견시켜야 한다(귀납적 방법/학생의 능동성).

이를 근거로 하여 구청각방법이 미국에서 개발되었는데, 다음과 같이 실용적인 배경을 갖고 있다.

제2차 세계대전이 발발하면서 드러난 사실은 일본어, 중국어 등과 같은 외국어, 특히 "이국적인" 언어를 숙달한 사람이 없었다는 점이다. 그래서 군의 위탁으로 1941년과 1943년 사이에 수많은 외국어 프로그램이 개발되었는데, 이들이 수업 방법론의 새로운 경향에 결정적인 기여를 하였다. 이러한 과제는 무엇보다 언어학자들의 것이었다. 군인 통역사를 양성하는 집중과정(Intensivkurse)과 청각 중심의 수업에서 언어학자들은 서로 능력이 아주 다른 대단위 "학생" 그룹에게도 외국어를 가르칠 수 있으며, 종전보다 훨씬 짧은 시간에 할 수 있음을 입증하였다.

전후에도 외국어 지식에 대한 수요가 늘었다. 예를 들어 UN과 UNESCO에서는 영어 외에 또 다른 몇몇 언어가 공용어로 지정되었다. 그 밖의 언어들은 국어나 지역어의 위상을 차지하였다. 확대된 무역관계, 여행 왕래, 학술·문화 교류를 통하여 훨씬 더 많은 사람들이 다양한 외국어 학습을 필요로 하였으며, 외국어 학습은 엘리트 교육이라는 위상을 잃게 되었다. 이른바 스푸트닉 충격(Sputnikschock)의 여파로(1957년 이후) 외국어 방법론의 연구는 집중적으로 추진되었다(국방교육법, NDEA 1957). 새로운 과학기술 (구어를 레코드판에 "녹음하기", 어학실 등)은 이러한 긍정적인 발전을 지원하였다.

  30년대 이래 언어(특히 구어)의 학문적인 연구와 언어전달(Sprachver-mittlung)에 대한 관심이 일어났다. 언어학은 독립된 학문으로 자리잡았다. 심리학과 사회학은 언어를 연구하기 시작하였다.

  이러한 모든 흐름은 결국 미국에서 새로운 외국어 교수방법을 낳게 되었는데, 구청각방법이 그것이다.

4.1.2. 교과서 예문에 나타난 구청각방법의 특징

  다음에서는 한 교과서를 살펴보기로 한다. 이에 다음 사항을 집중적으로 분석하기로 한다.

- 도입텍스트(단원텍스트)
- 문법설명
- 연습(문제)
- 단원구성
- 내용목차(교수소재 전개)

(a) 도입텍스트

교과서에 텍스트를 기술하기 위해서 다음 세 가지 관점이 중요하다.

  <1> 편집:
  인쇄형태(Druckbild)에서 텍스트는 어떤 식으로 구성되어 있는가(제목, 강조점, 구성)? 그림/사진은 있는가? 그림과 단어의 관계는 어떠한가? (이런 질문들은 교과서에 수용된 "실제 상황재현/원본(authentisch)" 텍스트와 관련이 있을 때 특히 중요함).

  <2> 언어적 구성(언어문체/언어목록):
  각 텍스트유형은 언어면에서 아주 독특한 특성이 있다. 이를테면 요리법

(Kochrezept)에서는 명령형(*Nehmen Sie . . .; rühren Sie . . .*)이나 부정형
(*Zuerst . . . nehmen; dann . . . rühren*)이 자주 사용된다. 광고텍스트는
"장식적인(blumig)" 언어(비교, 은유)와 새로운 단어가 창조되는 것이 특징
이다.

<3> 텍스트의 기능:

텍스트는 어떤 것이든 특정한 목적을 위하여 작성된다. 이를테면 기차
연결편에 관한 정보를 알려주기 위하여(기차 시간표), (특히 생산품의 장점
을 표현하기 위해서)(광고/선전), 정보를 전달하기 위하여(사용법), 아니면
어떤 이야기를 서술하기 위하여(예, 동화) 작성된다.

물론 언어교재에는 교수 기능을 가진 텍스트도 있다. 이런 텍스트들은
문법의 어떤 부분을 설명하거나 특정한 언어현상과 관련된 범례를 보여 준
다.

[과제 16]

<table>
<tr><td>

다음 텍스트를 보고 아래 부분을 기술하여 보시오.
<1> 편집
<2> 언어 구성
<3> 텍스트의 기능

</td></tr>
</table>

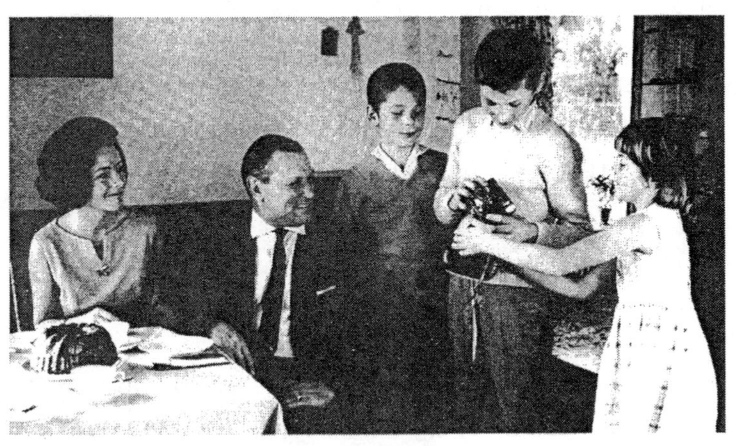

9. Der Geburtstag

Frau Hartmann: Wie gefällt dir die Kamera?
Herr Hartmann: Mir? – Gut! Wem gehört sie denn?
Frau Hartmann: Stefan. – Du weißt doch, er hat heute Geburtstag.
              Ich möchte sie ihm schenken.
Herr Hartmann: Ja natürlich. Ich vergesse die Geburtstage immer.
Frau Hartmann: Gibst du ihm die Kamera, wenn du ihm gratulierst?
              Das freut ihn bestimmt. – Da kommt er ja.
Herr Hartmann: Stefan, wie geht es dir?
Stefan: Mir? – Prima! Aber warum fragst du mich?
Herr Hartmann: Du hast doch heute Geburtstag. Mutti und ich
              gratulieren dir und schenken dir den Fotoapparat.
              Gefällt er dir?
Stefan: Ja, vielen Dank, Mutti! – Vielen Dank, Vati!
              Wie funktioniert denn der Apparat?
Frau Hartmann: Moment! Ich zeige es dir, und dann machst du eine
              Aufnahme von uns allen.

(Braun/Nieder/Schmöe 1967, 52)

<1> 편집:

편집에서 눈에 띄는 것은 큰 사진(상황그림)인데, 축하하기 위해 차려진
식탁 주위에 사람들 – 아마도 한 가족 – 을 보여준다. 모두들 사진의 오른

쪽에서 소년이 찬찬히 살펴보고 있는 카메라를 바라보고 있다.

사진은 대화상황과 대화주제를 제시해 준다. 사진은 이러한 목적을 위해 만들어진 것이므로, 교수법적인 기능을 갖는다.

텍스트의 "주제"는 제목에서 강조된다: '생일(Der Geburtstag)'. 텍스트(본문)는 인쇄형태로 보아 "대화"임을 알 수 있다.

<2> 언어적 구성:

잘 차려진 아침식탁에 앉아서 "생일을 맞은 아들"을 기다리는 부모가 나눈 '대화'는 어떻게 진행되는가?

아들이 – 아마 오랫동안 바라던 – 카메라를 받을 때 대화는 어떻게 진행되는가? 사실적(sachlich)인가? "냉랭한가(cool)"? 자발적(spontan)인가? 흥분(aufgeregt)했는가? 이는 대화에 참여한 사람들이 대화상황에서 갖는 "역할"에 달려있다.

[과제 17]

> 어머니, 아버지 그리고 특히 아들의 "역할"을 기술하여 보고, 이들의 언어적 행동(이들이 무엇을 말하고, 이것을 어떻게 말하는가)을 자세히 살펴보시오. 당신은 대화가 "자연적"이라고 생각하는가, 아니면 "딱딱하다"고 생각하는가? 이 장면에 나타난 부모와 아이들의 관계를 어떻게 기술할 수 있겠는가?

<3> 기능:

대화는 "생일" 장면이며(누가? 어디서? 무엇을 선물받는가? 등) 이 장면을 통하여 정보를 제공해준다.

그러나 이것이 전부가 아니다!

대화는 "생일"에 관한 정보만큼이나 중요한 또 다른 과제를 담고 있다.

구청각방법의 교과서에 나오는 단원텍스트들은 '언어 교수법적(sprachdidaktisch)' 기능을 갖는다.

[과제 18]

> 자세히 생각해 보시오.
>
> 우리는 이 대화 - 인쇄된 것 - 를 교과서 밖의 현실에서도 발견할 수 있는가(우리가 몰래 카메라로 장면을 찍는다면)?
> 텍스트를 다시 한 번 정확하게 읽으시오. 이 텍스트는 - 거의 모든 행에 - 아주 특정한 문법현상을 담고 있으며, 관련 교과서의 저자들 가운데 한 사람이 이 문법과제를 소개하고 새로 도입하기 위하여 쓴 것이다.
>
> 독자는 그것을 찾았는가?

주제텍스트(Haupttext)와 연결되고 부분상황으로 나누어진 다음의 텍스트를 자세히 살펴보면 해답을 찾게 된다.

그림 1: *gefallen - gehören*
그림 2: *(wie) geht es... - antworten*
그림 3: *gratulieren - geben - danken*
그림 4: *danken - zeigen*

[예문]

Wie gefällt dir die Kamera?
Mir? - Gut! Wem Gehört sie denn?
Stefan hat heute Geburtstag,
Ich möchte sie ihm schenken.

Der Vater fragt ihn:
Wie geht es dir, Stefan?
Stefan antwortet ihm:
Mir? Mir geht es prima.

Dann gratuliert ihm der Vater
und gibt ihm den Apparat.
Stefan dankt Mutti und Vati;
er dankt ihr und ihm.

Stefan dankt dem Vater
und der Mutter.
Er dankt seinen Eltern;
dann zeigt er Klaus und Evi
die Kamera;
er zeigt sie ihnen.

(Braun/Nieder/Schmöe 1967, 53)

[과제 19]

> 단원텍스트와 이 작은 해설텍스트에는 어떤 문법이 "숨겨져" 있는가?

(b) 문법설명

이 장과 관련된 문법설명은 교과서에서는 단원 내에서가 아니라 따로 분리된 문법-부록에서 발견된다(이는 문법을 수업행위에서 "배제"시킬 수 있

다는, 즉 문법을 무조건 수업에서 다루어야 할 필요가 없다는 암시일 수
있음).

[예]

<table>
<tr><td colspan="2">

24. wem?

Wie gefällt **dir** die Kamera?

Wem gehört sie denn?

Stefan dankt **dem** Vater und **der** Mutter.

Er dankt **den** Eltern.
</td><td>

Mir? - Gut!

Sie gehört **Stefan**. Ich schenke sie **ihm**

Er dankt **ihm** und **ihr**.

Er dankt **ihnen**.
</td></tr>
</table>

25. Nominativ-Akkusativ-Dativ

		maskulin	*neutral*	*feminin*	*Plural*
Nominativ	(wer? was?)	der = er	das = es	die = sie	die = sie
Akkusativ	(wen? was?)	den = ihn	das = es	die = sie	die = sie
Dativ	(wem?)	**dem = ihm**	**dem = ihm**	**der = ihr**	**denen=ihnen**

26. Pronomen

	Akkusativ		reflexiv		Dativ
Er fragt	mich.	Ich freue	mich.	Es gefällt	mir.
Er fragt	dich.	Du freust	dich.	Es gefällt	dir
Er fragt	ihn.	Er freut	**sich.**	Es gefällt	ihm.
Er fragt	sie.	Sie freut	**sich,**	Es gefällt	ihr.
Er fragt	es.	Es freut	**sich.**	Es gefällt	ihm.
Er fragt	uns.	Wir freuen	uns.	Es gefällt	uns.
Er fragt	euch.	Ihr freut	euch.	Es gefällt	euch.
Er fragt	sie.	Sie freuen	**sich.**	Es gefällt	ihnen.

27. Wortstellung(Stellenplan)

Nominativ	*Verb*	*Dativ*	*Akkusativ*
Er	antwortet	dem Vater.	---
Die Kamera	gehört	ihm.	---
Er	gibt	ihm.	die Kamera
Er	gibt	sie	ihm.

(Braun/Nieder/Schmöe 1967, 118f.)

[과제 20]

이런 종류의 문법제시를 문법번역방법의 교과서에 나오는 문법제시(이 책 32쪽 이하 참조)와 비교하시오. 문법번역방법에 전형적인 것은 무엇이며, 구청각방법에 전형적인 것은 무엇인가? 해당되는 곳에 표를 하시오.

	문법번역방법	구청각방법
제목에 문법과제가 '서술된다'		
제목에 문법과제 자체가 예로서 주어진다		
우선 규칙이 (말로) 표현된다	X	
근본적으로 규칙이 언어로 표현되는 것이 아니라 시각적인 "신호들"이 주어진다(예, 두꺼운 글씨체로)		
우선 예문이 주어지고 나서(도표 형태로) 제시된다.		
모국어가 설명어로 이용된다(2개 국어에 의한 설명)		
문법제시는 목표어로만 이루어진다		
각 문법현상은 그 자체를 위하여 설명되고 제시된다		
각 문법현상은 포괄적으로 서로 접합된다		
예외규칙이 작성된다		

[요약]

구청각방법의 문법제시에서는 다음과 같은 것이 전형적이다.

<1> 문법작업의 시작으로 예문수집(Beispielsammlung)

<2> 문법현상을 강조하고, 학습자가 규칙성을 스스로 인식하도록 학습
    자에게 안내 역할을 하는 시각적인 신호의 개발(강조, 화살표 등)

<3> 포괄적인 연관관계를 도표형태로 설명하기

(c) 연습문제

교과서에 3쪽에 달하는 연습문제가 있는데, 다음과 같다.

[예]

Bitte ergänzen Sie:

Er fragt mich.	Er hilft mir.	Das gehört mir.	Er gibt es mir.
. . . . . . dich	. . . . . . dir.	. . . . dir.	. . . . . . dir.
. . . . . . ihn.	. . . . ihm.	. . . . ihm.	. . . . . . ihm.
. . . . . . sie.	. . . . . . ihr.	. . . . ihr.	. . . . . . ihr.
. . . . . . uns.	. . . . . . uns.	. . . . uns.	. . . . . . uns.
. . . . . . euch.	. . . . . . euch.	. . . . euch.	. . . . . . euch.
. . . . . . sie.	. . . . . . ihnen.	. . . . ihnen.	. . . . . . ihnen.

(이런 유형의 연습문제는 4개가 있다)

Bitte antworten Sie mit „nein":

Gehört Ihnen das?	Nein, das gehört mir nicht.
Gefällt Ihnen das?	. . . .
Hilft Ihnen das?	. . . .
Ist Ihnen das gleich?	. . . .
Dauert Ihnen das zu lange?	. . . .

(이런 유형의 연습문제는 2개가 있다)

Bitte ergänzen Sie:

a) mir - dir - ihm - uns

1. Wie gefällt ..... die Kamera? 2. ..... ? Gut! Wem gehört sie denn? 3. Du weißt doch, Stefan hat heute Geburtstag. Ich will sie ..... schenken. 4. Ja, natürlich! Ich vergesse die Geburtstage immer. 5. Gibst du ..... die Kamera, wenn du ..... gratulierst? 6. Stefan, wie geht es .....? 7..... geht es prima! 8. Mutti und ich gratulieren ..... und schenken ..... den Fotoapparat. 9. Vati, erklärst du ..... bitte den Apparat? 10. Ja gut, ich zeige es ..... , und du machst eine Aufnahme von ..... allen.

(이런 유형의 연습문제는 3개가 있다)

Dialoge

Herzlichen Glückwunsch!	**Was wünschen Sie?**
A: Sie haben ja Geburtstag!	A: Ich möchte einen Fotoapparat.
B: Woher wissen Sie das?	B: In welcher Preislage?
A: Ich weiß es von	A: Wieviel kostet denn eine Kamera?
Herzlichen Glückwunsch!	B: Die hier .....DM und die .....DM.
B: Danke! Das ist sehr aufmerk-	A: Ich nehme die da.
sam von Ihnen.	B: Gut. Hier ist Ihr Kassenzettel.

(Braun/Nieder/Schmöe 1967, 54ff.)

[과제 21]

이런 연습문제들은 어떤 특징을 가질 수 있는가? 해당되는 곳에 표를 하시오.	옳음	틀림
연습문제들은 부분적으로 번호가 붙은 개별 문장들로 구성되어 있다		
각 문장에서는 특정한 문법현상이 연습된다	X	

몇몇 연습문제들은 발화상황(Sprechsituation)이나 놀이상황을 제시한다		
학습자들은 연습문제를 자유롭게 형성할 수 있다.		
많은 연습문제의 첫머리에는 모델로 이용되는 예문들이 있다.		
독해력을 개발하기 위한 연습문제들이 있다		
연습지침들은 대부분 수업에서 학습자가 무엇을 해야 할 것인지를 제시해준다.		

[요약]

구청각방법의 연습형태로는 다음을 들 수 있다.

<1> 빈 칸 텍스트 보충하기

<2> 제시된 모형에 따라 문장만들기

<3> 질문-대답 연습(전환연습)

<4> 대화연습(대화보충/돌아가며 연습하기)

(d) 단원구성

교과서의 각 장(반복 단원 제외)은 대부분 일괄적인 단원도식에 따라 구성되어 있다.

도입부분	연습부분	지역사정 부분	부　록
대화가 딸린 상황 그림; 부분상황이 딸린 그림의 연속 - 여기에는 문법과제 예문이 딸린 짧은 텍스트가 있음	문장형성- 삽입-/ 빈칸-, 전환연습; 대화연습	정보텍스트를 포함한 사진(연습문제와 단원주제와는 무관함)	문법(단원에 따라 배열됨); 단일언어와 자모순(단원의 출처 제시)으로 된 단어목록

문법은 실제 단원구성에서 제외되어 있지만 단원구성을 주로 정하고 있다. 즉, 단원의 대화들은 각각 새로운 문법과제를 도입하고, 연습문제는 구체적으로 문장모형(Satzmuster)을 바꾸는 것을 집중적으로 다룬다.

지역사정 편(짧은 정보텍스트가 딸린 사진, 제도를 소개하는 내용)은 단원과는 무관하다. 단원의 내적인 관계는 다음과 같다.

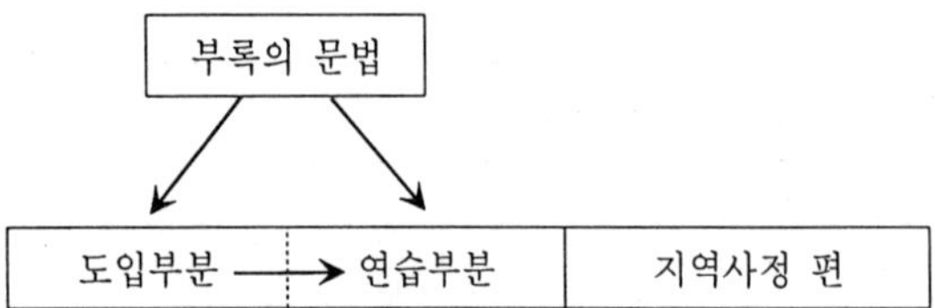

(e) 교수소재 전개

'내용목차'를 자세히 살펴보면 다음 것을 알게 된다.
- 교수소재의 중요성
- 개별 교수내용의 연결
- 교수소재의 연속(전개)

제 1장의 내용목차(차례):

[예]

1. Texte:	**Guten Tag!**
	Unterricht
Information:	*Weltstädte*
Struktur:	sie, Sie – ich; wir
Phonetik:	a, e, i, o, u; e–e, i–ɪ, o–ɔ; ø, y, ε
2. Texte:	**Telefongespräch**
	Mein Auto
Information:	Hochschulen in Deutschland
Struktur:	er, sie – ist; bin – sind; wer? was? das ist, es ist; sein+Adjektive
Phonetik:	ɪ–i, h–'a

<table>
<tr><td>3. Texte:</td><td>Am Kiosk
Uhrzeiten</td></tr>
<tr><td>Information:</td><td>Markt und Preise</td></tr>
<tr><td>Struktur:</td><td>Die Zahlen; ein - eine; wann? wie spät? um wieviel Uhr?</td></tr>
<tr><td>Phonetik:</td><td>ts, tsv, z, ç, f, y</td></tr>
<tr><td>4. Texte:</td><td>Im Hotel
Zeit ist Geld</td></tr>
<tr><td>Information:</td><td>Der Volkswagen, Werk und Produktion</td></tr>
<tr><td>Struktur:</td><td>haben; kein - keine; mein - meine usw.; doch; war, hatte</td></tr>
<tr><td>Phonetik:</td><td>h-'a, 'e, 'i, usw.</td></tr>
<tr><td colspan="2">5. Zwei Postkarten
Kinderreim
Sprichwörter
Das A B C (Lied)</td></tr>
<tr><td>6. Texte:</td><td>Im Büro
Ein Gespräch</td></tr>
<tr><td>Information:</td><td>Industrie und Verwaltung</td></tr>
<tr><td>Struktur:</td><td>der, das, die; den - ihn; einen, eins, eine; wen?
den, die(Pronomen); wissen - kennen</td></tr>
</table>

(Braum/Nieder/Schmöe 1967, 3)

이 내용 목차에는 '텍스트'와 해당 '주제'와 '상황'이 강조되고, 다음으로 지역사정에서 전달되는 정보가 강조된다. 다음의 두 가지 지침은 언어학에 관한 것이다.

<1> 문법이 "구조"라고 표현된다; 문법범주가 지칭되지 않고 문법내용과 범례가 주어진다.
<2> 음성학(발음훈련)은 1-4장에 따로 기재되어 있다.

매 5번째 단원은 플레토 단원(Plateaulektion, 쉬는 단원)으로서 문법 전개과정을 포함하지 않는다. 이 단원들은 읽기 텍스트, 노래, 시구, 격언을 포함하고 있다.

'문법전개'의 구성을 위한 범례:

시제체계의 예

> 제1장 : 현재형
> 제2장 : 현재형(동사 어미 도식의 확대와 완성)
>   *sein*의 현재형
> 제4장 : *haben*의 현재형
>   *sein*과 *haben*의 과거형
> 제7장 : 화법동사의 현재형(전체 도식)
> 제12장 : *haben*과 *sein*의 완료형
> 제16장 : 약변화 동사와 강변화 동사의 과거형(전체 도식)
> 제18장 : 과거형과 수동 완료형

명사/체언의 예

Guten Tag!

> 제1장 : 관사 없는 명사(예, 인명)
> 제3장 : 부정관사와 그 밖의 "ein" 단어를 가진 명사
> 제6장 : 정관사
>   정관사의 주격과 대격
> 제9장 : 정관사의 주격 – 대격 – 여격(속격과 복수형은 제2권에서
>   논의됨!)

시제체계에서는 복잡성의 점진적 전개원칙에 따라 전형적인 과정을 거친다:

현재(단순한 형태) – 과거형(단순한 형태) – 완료형(단순한 형태) – 과거형(복잡한 형태) – 과거형과 완료형(복잡한 형태)

명사를 다루는 순서에서는 부정관사에서(단수에는 두 가지 형태만!) 정관사로(3가지 단수형태!), 단수 – 복수의 순서(제2권)와 주격 – 대격 – 여

격(- 속격)의 순서를 보이는 전형적인 전개형태가 발견된다.

"숨겨진" 문법전개

　문법은 단원에 포함되어 있지 않으며, 연습문제에서는 문법범주들이 지칭되지 않는다. 문법이 내용목차에서 강조되지 않지만, - 문법번역방법에서처럼 - 교수소재를 전개할 때 중요한 역할을 한다. 그러나 문법은 - 문법번역방법과는 달리 - 목표어 구조의 점진적인 난이도 또는 복잡성에 따라 학습소재를 전개하는 방식으로 배열되어 있다. 텍스트(주로 대화들), 주제, 상황은 문법단계에 따라 정리되어 있다. 이들은 한 단원에서 해당 문법과제를 제시하고 연습하도록 선별·구성되어 있다.

　구청각방법을 따르는 교과서에서는 모두 이런 식으로 문법이 중심축을 이루고 있다. 아래의 도해는 이를 보여준다.

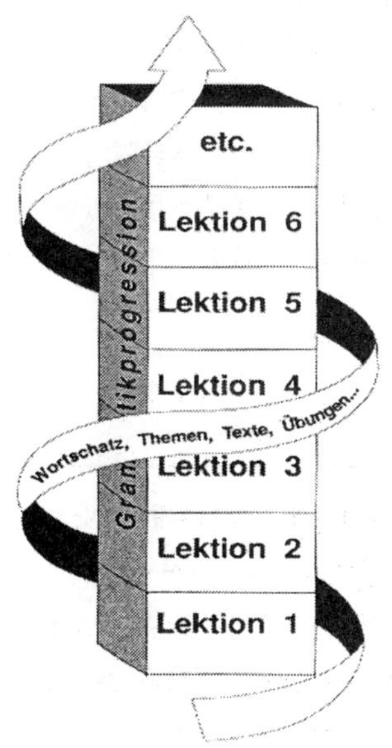

[문법축을 중심으로 한 교과서의 전통적인 구조(선형적 문법전개)]

4.1.3. 구청각방법의 기술 보조수단

(a) 어학실

구청각방법에서는 기계적인 보조수단들이 중요한 위치를 차지한다. 이때 제일 중요한 것이 어학실이다.

이것은 특히 발음과 듣고 이해하기(Hörverstehen) 교육에 이용된다. 학생에게 제공될 수 있는 것은 목표어로 된 실제상황을 재현한 발화모델들(Sprechmodelle)이다. 학생은 이 모델을 모방하고 조작할 수 있으며, 학습 속도를 스스로 결정하고 카세트 테이프를 임의로 조작하여 연습문제를 숙달할 때까지 오랫동안 반복할 수 있다. 어학실은 교사가 '모국어 화자(Muttersprachler)'(모국어 = 목표어)가 아니고 학생에게 다양한 목소리를 들을 수 있는 가능성을 제공하고 싶을 때 특히 유용하다.

그밖에도 교사는 어학실에서 학생의 공부를 객관적이고 세부적으로 판정하고 학생과 개별적으로 작업할 수 있다.

어학실에서는 근본적으로 기존의 수업에서도 나타나는 모든 연습형태, 이를테면 발음연습, 문장모형 연습, 어휘연습, 쓰기와 읽기 연습 등을 할 수 있다. 다음과 같은 과제들이 제시될 수 있다: 듣고 확인하기, 모방하기, 암기하기, 문장확장과 문장연결 연습, 자유 대화 연습, 받아쓰기, 읽기 연습 등.

[과제 22]

> 구청각방법이 확산되면서 60년대에 어학실-도취감(Euphorie)에 도달하였지만, 곧이어 강한 비판이 일어났다.
>
> 어떤 주장이 어학실 설치에 찬성하며, 한계는 어디에 있으며, 어학실이 할 수 없는 것이 무엇인지 생각해 보시오.

할 수 있는 것	할 수 없는 것

(b) 시각적 보조자료

그림:

수업에서 그림을 사용할 때 문제점은 그림이 결코 (목적에 맞게) 명백하게 사용될 수 없다는 점이다. 시각적 자극과 내용적 연상을 연결시키는 일은 언제나 주관적이기 때문이다. 그럼에도 그림과 내용을 함께 계속 제시함으로써 정신적인 연상을 의식적으로 만들어 강화시킬 수 있다. 이때 그림은 스케치 형태로만 제시될 수도 있다.

예: Haus   Fenster   Orange

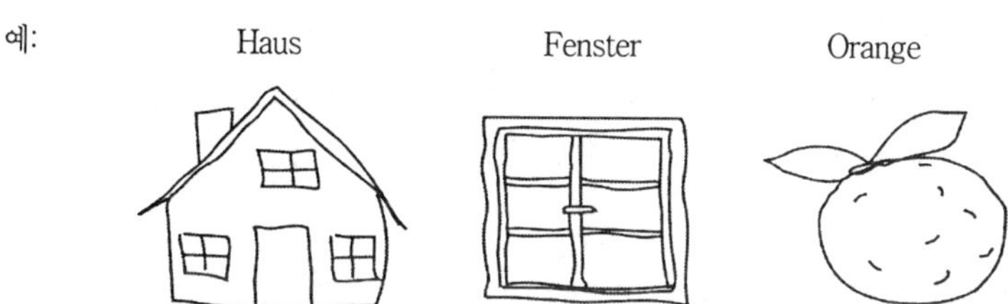

언어구조를 연습하기 위해서는 특정한 문장구조 모형이 선택되고 표본/모델문장(Modellsatz)에서 설명된다.

[예]

첫번째 단계: 표본문장의 제시

Siehst du den Zug?

두번째 단계: 표본문장에 유추하여 그림을 이용하여 문장을 만든다.

Siehst du das Schiff?

Siehst du das Flugzeug?

......

교사는 그림을 학생들과 살펴보고, *Zug, Schiff, Flugzeug, Bus* 등, 스스로 몇 가지 예문을 제시한다: *Siehst du den Zug? Siehst du das Schiff? Siehst du das Flugzeug?.*

그 다음에 그림을 보여주고, 학생이 '병행하는 문장(parallele Sätze)'을 같은 속도로 작성할 것을 암시한다.

> 학급학생: *Siehst du den Bus?*
> *Siehst du den Vogel?*
> *Siehst du den Fisch?*
>
> .....
> (Lado 1973, 149의 예들 참조)

그 밖의 시각적 보조수단으로는 목록(Tafel), 카드(Wendekarte)(앞면: 그림, 뒷면: 단어), 벽그림(Wandbilder), 슬라이드와 환등기(Diaprojektor), 필름(Filmstreifen), 환등장치(Episkop), 오버헤드 프로잭트(OHP, Overheadprojektor), 영화, 텔레비전(Lado 1973, 264f. 참조)이 있다.

4.1.4. 구청각방법의 이론

구청각방법은 '구조주의' 언어학*과 '행동주의' 학습심리학*으로부터 결정적인 영향을 받아 생겨난 것이다. 이 두 개념을 언어수업과 관련시켜 간단히 설명하기로 한다.

(a) 언어학 이론: 미국 구조주의의 영향

미국 구조주의의 가장 유명한 대표자는 레오나드 블룸필드(Leonard Bloomfield)이다. 블룸필드는 『Introduction to the Study of Language』(1914)와 『Language』(1933)라는 현대 언어학의 두 고전서를 저술하였다. 이 저서에서 그는 두 가지 기본 입장을 표명하였다:

a) 언어학은 언어 구조만을, 특히 구어의 구조를 연구해야 한다.
b) 언어학은 경험 지향적(경험적), 기술적 학문이어야 한다.

블룸필드(와 다른 학자)가 발전시킨 구조주의의 언어분석 및 언어기술 학파는 관련 언어(예, 라틴어)의 기술체계를 이용하지 않고, 각 언어를 고유한 구조 속성들에 따라 이해하고자 한다.

블룸필드의 주된 업적은 언어분석 방식이다. 이 방식에 의하면 각 언어는 음성에서 문장에 이르기까지 분할될 수 있다. 이때 언어분석의 여러 분야가 똑같이 중요하다: 음운론(예, 발음연구, 강세(단어), 억양(문장) 등), 형태론(예, 단어형성의 구조, 어미, 전철과 후철, 합성어 등) 그리고 통사론(문장에서 개별요소의 관계).

구조주의의 특징들:

- 각 언어는 고유한 형식체계에서 발견될 수 있는 속성에 따라 기술된다.
- 연구방법은 기술적(형태 현상을 기술하기)이고 공시적(역사적인 발전을 고려하지 않고 현재의 상태를 조사하기)이다.
- 연구방법은 귀납적(언어현상을 수집, 정리, 평가)이다.
- 연구대상은 문어(이를테면 문학작품)가 아니고 구어이다.
- 문장이 연구단위의 기본이 된다. 문장성분은 일괄적으로 형태원칙에 따라, 이를테면 결합적(syntagmatisch) 기준(문장에서 문장성분간의 상호관계)과 계열적(paradigmatisch) 기준(어떤 언어 현상이 함께 속하는 것인가 - 이를테면 동사의 어미)에 따라 분류된다. 이때 결합적인 면은 분할방법에 의해(문장성분의 결정), 계열적인 면은 대치시험에 의해 결정된다. (어떤 현상들이 문장에서 일정한 위치에 나타나며, 일정한 문장모형에서 서로 대치될 수 있는가? 동사의 보충어들은 명사, 대명사가 될 수 있다).

구조주의 언어분석의 여러 방법이 구청각방법의 연습형태로 다시 이용된다(예, 문장모형 연습, 삽입연습[대치목록]으로서).

불룸필드는 언어는 정확하게 관찰하고 모방할 수 있는 모국어 교사에게서만 배울 수 있다고 주장한다. 언어학습은 그에 의하면, 의식적으로 받아들이고 모방하며, 끈기있게 연습하고 암기하는 것이며 그리고 교사가 말하고 행동하는 것을 분석하는 것이다.

언어학과 구청각방법의 또 다른 대표자는 로버트 라도(Robert Lado)이다. 그는 연구의 출발점을 외국어 습득의 어려움에 두었으며, 거기서부터 각 외국어의 구조를 추론하였다. 이때 그는 언어를 비교하는 방법(대비언어학)에 이용하였다. 그는 대비언어학을 이렇게 정의한다.

> 대비언어학은 두 언어의 구조를 비교하여 서로 차이나는 것의 전체 현상을 밝히는 데 목적이 있다. 이러한 차이들을 규정하게 되면 제2 언어를 학습할 때 겪는 주요 어려움이 분명해진다. 그래서 대비 언어학은 언어교사에게 특히 중요하고 흥미로운 것이다(Lado 1973, 40).

[외국어 수업에 대한 성과]
언어학의 이러한 성과들은 외국어 수업에 다음을 시사해 준다.
<1> 단계적으로 구성되어야 할 교수자료의 토대로서 언어자료 분석
<2> 전문 언어학자를 통한 이러한 구조의 전달
<3> 작은 학급에서 모국어 화자의 도움으로 매일 여러 시간 연습하기
<4> 주된 목표는 구두로 언어사용(Stern 1984, 157f. 참조)

[과제 23]

구청각방법과 문법번역방법의 이론을 비교하시오. 제2장에 있는 문법번역방법에 관한 설명을 다시 한 번 읽어보시오.		
차이	문법번역방법	구청각방법
연구대상은 무엇인가: 이를테면 문어인가 구어인가?		

외국어는 어떻게 연구되고 서술되는가: 다른 관련 언어의 도움으로, 아니면 그 언어로만		
외국어 수업을 위해서는 어떤 성과가 나타나는가?		

(b) 학습심리 이론의 영향

구청각방법은 특히 '행동주의(Behaviorismus)' 이론의 영향을 받았다. 여기서도 스키너(Skinner)의 『Verbal Behavior』(1957)의 출간이 획기적인 것이라고 할 수 있다. 스키너는 언어를 행동의 한 형태라고 기술하고 언어에 상응하는 법칙, 특히 자극과 반응의 법칙(stimulus and response)과 행동 프로그램을 응용한다.

스키너는 다음과 같이 주장한다.

쥐가 실험장에서 "사례"의 대가로 음식을 얻기 위해 지렛대를 누르는 것을 배우는 것과 음성신호를 자기 욕구충족을 위한 "작동기(Operant)"로 사용하는 것을 배우는 것은 근본적으로 차이가 없다(Stern 1984, 299).

[과제 24]

구청각방법과 문법번역방법의 학습심리이론을 비교하시오. 제2장에 있는 문법번역방법에 관한 부분을 다시 한 번 읽어보시오.		
차이	문법번역방법	구청각방법
언어학습이 어떻게 기술되고 있는가?		
외국어 수업을 위해서는 어떤 성과가 나타나는가?		

[외국어 수업을 위한 성과]

학습심리학 이론에 따른 구청각방법의 기본 주장은 다음과 같다:

외국어 학습은 일차적으로 기계적인 습관형성과정이다.

a) 습관은 강화(Verstärkung)를 통해 굳어진다.

b) 외국어 학습에서 이런 습관을 가장 효과적으로 강화하는 것은 오류를 정정하는 것이 아니라 올바른 답을 확인해 주는 것이다.

c) 언어는 행동이며, 행동은 학생에게서 야기되어 끊임없는 연습을 통하여 다듬어질 때에 비로소 학습될 수 있다(Stern 1984, 325).

그러므로 목표는 언어능력(Sprachkönnen)이지 (문법번역방법에서처럼) 언어지식(Sprachwissen)이 아니다. 이때 '일차적인 기능숙달(primäre Fertigkeit)'(듣기/ 특히: 말하기)이 이차적인 기능숙달(읽기/쓰기)보다 우위를 차지한다.

(c) 문학/텍스트학

중요한 텍스트유형은 "일상대화의 모델"로서 구성된 대화이다. 지역사정에 초점을 둔 비문학 텍스트들(Sachtext)이 텍스트를 보충해준다. 문학 텍스트는 여전히 배제되었다.

(d) 지역사정

내용·주제 영역에서도 문법번역방법과 뚜렷하게 대조된다. 즉, 중요한 것은 목표어 국가의 문화유산으로서 문학 텍스트를 다루는 것이 아니라 실제적인 일상지식과 일상적인 의사소통상황을 숙달하는 일이다.

(e) 구청각방법의 수업원칙

- 구어적인 것이 문어적인 것보다 우선한다(듣기/말하기가 읽기/쓰기보다 우선). 그 결과 다음과 같은 교수법 숙달 순서가 생긴다: 듣기 - (따라) 말하기 - 읽기 - 쓰기
- 수업의 상황성. 문법의 언어모형은 일상생활에 관한 것이며 대화로 제시된다.
- 언어범례의 원본성(Authentizität)(모국어 화자의 언어습관, 특히 그의 발음 모방)
- 모방과 반복을 통한 언어모형 연습(언어습관의 익숙)
- 기본적으로 수업의 단일언어성, 수업행위에서 모국어 배제
- 목표언어의 언어모형이 복잡성체계에 맞춘 문법 교수소재를 근거로 한 학습 프로그램 전개(모국어와의 대비는 문법 전개과정에서 아무런 의미가 없다)
- 구청각방법의 독특한 연습형태:
  · 여러 가지 변형에 의한 문장모형연습(패턴 연습*)
  · 문장연습판(Satzschalttafeln)/대치연습
  · 빈 칸 텍스트/보충연습(Einsetzübung)
  · 대화 모델 암기하기와 따라 하기

이 책의 독본(211쪽 이하)에는 구청각방법 대표자인 라도가 작성한 구청각방법의 15가지 기본 원칙이 명시되어 있다.

[과제 25]

> 교과서 단원의 예와 제시된 수업원칙에 따라 "3격 지배 전치사"에 관한 구청각방법의 단원(도입대화; 연습; 예시문법)을 구상해 보시오.

4.2. 시청각방법(AVM)

4.2.1. 들어가기

시청각방법은 구청각방법을 계속 발전시킨 것이다. "audio-visuell"이란 표현은 라틴어 어원으로 두 단어가 합성된 것이다.

> 라틴어 *audfire* = 듣기(hören)
> 라틴어 *videre* = 보기(sehen)

독일어로 번역하면 "듣고 보기 방법(Hör-Seh-Methode)"을 의미한다.
시청각방법과 구청각방법의 근원은 같을지라도 몇 가지 근본적인 차이가 몇 가지 있다.

[과제 26]: 준비 연습

"워밍업(Aufwärmen)" 연습문제: 독자는 시청각 교재에 나온 그림의 "언어"를 얼마나 잘 해독해 낼 수 있는가?

시청각 교재에서는 매우 많은 것을 그림과 그림 연속을 통하여 전달하고자 한다.
- 사람들이 처해있는 대화상황
- 무엇에 대해 말하고 있는지 등

이를 위하여 자주 고유한 "기호언어"가 개발된다. 이를테면 "X"는 "nicht/kein"(부정)을 의미하고, "!"는 '무엇을 강조해서 말한다'는 뜻이다.

다음 '그림 이야기'는 Schulz/Griesbach/Lund의 교재 『Auf Deutsch, bitte!』에서 인용한 것이다. 세 번째 그림 다음에 수반된 텍스트

(Begleittext)를 지워버렸다.

그림을 보고 개별 그림과 관련된 텍스트를 "재구성"하시오.

Es ist Donnerstag abend.
Herr und Frau Seitz
sitzen bei tics.

"Wo bleiben denn die
Kinder? Wir essen um 7
zu Abend, und sie sind
noch nicht gekommen!"

Heinz ist mit Fritz ins
"Kino gegangen."

...

...

...

(Schulz/Griesbach/Lund 1969, 33ff.)

4.2.2. 역사적 배경과 개념규정

미국의 구청각방법의 개발과 같은 시기에 프랑스에서는 시청각방법이 생겨났다. 이 방법은 물론 미국의 영향을 받지 않았다.

협의, 이른바 고전적 의미의 시청각 과정에서 우리는 외국어 초급수업의 방법을 이해하는데, 이것은 구버리나(P. Guberina)가 구상한 것으로서 1954-56년에 CREDIF[3])에 의해 처음으로 프랑스어 과정 *Voix et Images de France*에서 시도되었다. 구버리나 자신은 이 방법을 '시청각-포괄구조방법(audio-visuelle, global-strukturelle Methode)'이라고 칭한다(Strack 1973, 9).

시청각방법의 수업원칙은 가능하면 언제나 언어를 시각적인 관찰자료와 연결시킨다. 즉, 대화상황에서 학생에게 먼저 상황내용이 시각적인 수단으로 명확하게 제시된 다음에야 상응하는 언어표현형태가 뒤따른다.

제시하는 순서가 구청각방법에서와 다르게 진행된다. 구청각방법에서는 먼저 언어형태가 제시되고(듣기 - 따라 말하기) 다음으로 의미가 설명된다 (Real 1984, 33/34 참조).

그림과 그림 연속은 의미전달을 위하여 언어를 수용('도입')할 때 뿐 아니라 언어를 사용할 때('연습')와 언어를 응용할 때에도('전이') 이용된다.

이와 관련된 예: 그림은 연습하는 것을 조정한다(Vorwärts I).

---

3) CREDIF = Centre de recherche et d'étude pour la diffusion du français.

[예]

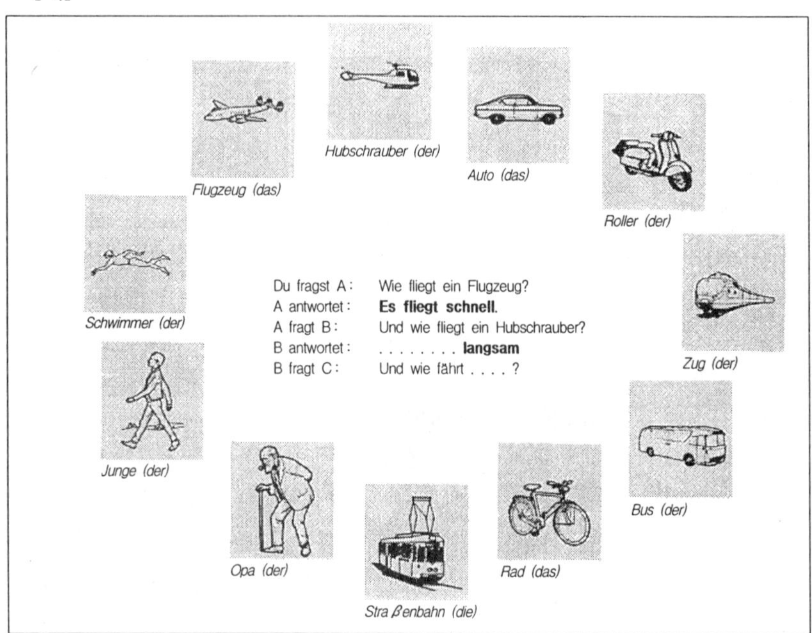

(Arnold/Kayser 1974, 63)

그림은 응용부분에도 이용된다.

[예]

<table>
<tr><td>

1. Bratwurst – hungrig – Mutti – sehr –
wir sind – Lumpi – prima! – immer
– Klaus – ihr seid – Liselotte – auch

</td><td>

2. am besten – zum – links – Kino –
komme – danke schön – Liselotte –
geradeaus – du – komme – ich –
gehst – Frau – wie – Grüß Gott –
bitte schön

</td></tr>
</table>

(Arnold/Kayser 1974, 43)

4.2.3. 시청각방법의 수업기술

[수업단계]

<1> 수업단위는 그림이나 그림 연속체(film strip)와 녹음된 대화를 제시하면서 시작한다. 즉, 시각적 자극이 음성적 자극과 결합된다. 그래서 두 자극이 하나의 의미단위(의미론적 단위)를 형성한다.

<2> 두 번째 수업단계에서는 개별 대화단위의 의미가 (암시, 단락을 반복해서 듣기, 질문과 대답을 통하여) 설명된다.

<3> 그림과 텍스트를 여러 번 반복함으로써 대화들이 세 번째 단계에서 암기되어야 한다.

<4> 네 번째 단계에서는 학생들이 점진적으로 시각적·음향적 여건에서 벗어나야 한다. 학생들은 이를테면 자신의 대화를 그림으로 그리거나 한 장면을 역할을 분담해서 모방하라는 요구를 받는다.

<5> 그밖에도 매 시간에 대화에 도입된 문법구조와 관련된 문장모형 연습(패턴 연습*)이 수행된다.

<6> 쓰기와 읽기는 과정의 후반부에 수업에서 다루게 된다.

이런 수업단위의 구성은 분명히 행동주의의 학습법칙을 따른 것이다(93쪽 이하 참조). 학습과정은 자극(그림)과 반응(언어 발화)의 결합으로 간주된다.

[기술매체의 투입]

기술적인 수업매체의 사용은 이런 과정에 도움을 준다. 시청각방법은 그림과 음성을 결합한 기계(kombinierte Bild-und Tonträger)를 사용하며, 대개는 그림 및 필름(Bildstreifen)(환등기)과 녹음기를 (어학실에서도) 이용한다.

[구청각방법 - 시청각방법의 비교: 유사점]

방법 절차(취급법)와 관련하여 구청각방법과 시청각방법을 비교해 보면 분명히 유사점을 알 수 있다. 구청각방법과 마찬가지로 시청각방법은 주로 구어에 가치를 두고 있다. 시청각방법은 개별 문장구조를 연습(패턴연습)하기 위하여 단순한 문장모델을 이용하며, 여러 패턴을 암기시키며, 언어학습을 습관화 과정(Habituationsprozeß)으로 보고 수업에서 기술 보조수단을 사용한다.

[차이점]

구청각방법과 주요한 차이점은 음적 자료와 시각 자료를 동시에 이용한다는 점이다. 이로써 다루어야 할 대화와 관련된 주요 상황도 필요하다는 요구도 충족된다.

원래의 상황, 의미전달, 시각적인 기억을 보조, 상황연습, 전이연습보조, 지역사정 관찰이 발터Walter(1983, 66f.)에 따르면 시청각방법의 상위 목표로 간주될 수 있다.

4.2.4. 시청각방법의 비판

시청각방법의 많은 원칙이 외국어 수업을 바꾸어 놓았다. 그러나 이 방법은 그의 "순수성(Reinkultur)" 때문에 - 프랑스의 시청각, 포괄구조적방법을 제외하면 - 어느 곳에서도 실행되지 않았다.

비판자들은 특히 전체 구상에서 다음과 같은 점을 비난한다(Firges 1975, Vielau 1976):

- 수용적, 재생산적 학습행동을 위하여 학습자의 인지적, 생산적 잠재력을 지나치게 배제함

- 외국어 수업에서 학습과정을 행동주의 개념으로 축소시킴(행동조건으
  로 언어습관을 교육)
- 수업이 단계도식에 따라 경직되게 진행되어 단조롭게 됨
- 교육적인 점을 허용하지 않은 '매체 기술자'로 교사의 역할을 제한시킴
- 언어의 구두성, 상황성, 원본성에 대한 요구와 – 언어 구조형태에 초
  점을 둔 – 문법전개의 집착과의 모순
- 학습소재 전개, 수업기획, 수업구성에서 모국어를 완전히 배제
- 문법모형(Grammatikpattern)이 지배적이고 교과서형태가 단조롭기 때
  문에 교과서의 대화와 연습이 무의미하고 유치함

[과제 27]

시청각방법은 오늘날까지 외국어 수업에 큰 영향을 미쳤으며 많은 추종자들이 있었다. 물론 전체 구상, 수업의 각 원칙과 수업진행에 대한 비판도 없었던 것은 아니다. 독자는 어떤 점이 이 방법의 장점이고 어떤 점이 약점이자 단점이라고 생각하는가?	
장점	약점/단점

4.2.5. 시청각방법과 그 이후의 방안들

[과제 28]

시청각방법은 외국어 수업의 '의사소통 전환'(제5장 참조) 이후에 생긴 교과서의 구성에도 영향을 미쳤다. 　다음은 80년대 중반에 출판된 교과서에서 인용한 것이다: *Seeger*, 『Vorwärts International』.

시청각방법의 어떤 요소를 인식할 수 있는가? 핵심단어를 적으시오:

1. 새로운 학습소재의 도입

(Seeger(o. J. 32))

메모하는 곳:

____

____

____

2. 연습문제편:

LEKTION 3

D

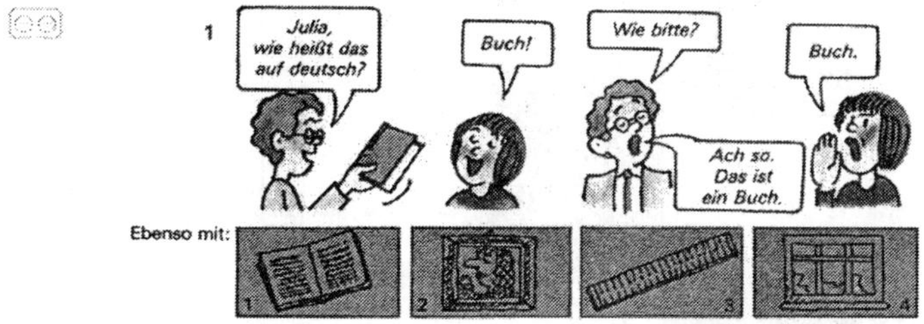

Wie heißt das auf deutsch?
Buch. Das ist ein Buch.

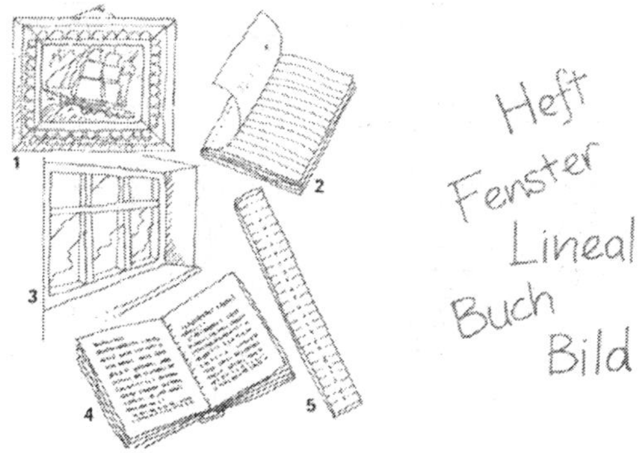

(Seeger(o. J. 35))

메모하는 곳:

3. 문법편

GRAMMATIK

4 Singular - Plural

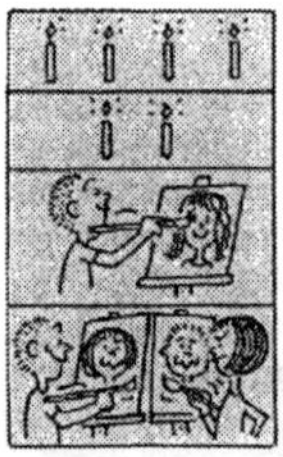

Eine Kerze	fehl	t.
Drei Kerzen	fehl	en.
Hans	mal	t.
Hans und Ina	mal	en.

Hier ⬤ ist Rot.
Hier ⬤◯⬤ sind Rot, Gelb und Blau.

5 wir ...-(e)n

Wir schwimm	en.
turn	en.
bastel	n. (!)

6 Das hörst du in der Schule

(Seeger(o. J. 132))

메모하는 곳:

____

____

____

5. 절충 방법(VM):
50년대 문법번역방법과 구청각방법의 결합

5.1. 방법론의 혼합 - 실제수업에서 자주 접하는 방법

이 교재의 서론에서 새로운 수업방법이 여러 요인에 의존하여 생긴다는 점을 지적하였다. 현대 언어 수업에서는 시기적으로 정확하게 구분될 수 있는 기간(Epoche)이 없다 - 예를 들어 1960년에서 1975년까지는 외국어 수업이 세계적으로 시청각방법에 의해서만 실행되었다는 등. 실제 수업에서 서로 다른 목표집단과 지역에 맞는 다양한 방법들이 '병존'하였고 '혼합'과 '중복' 현상이 특징적이다.

이러한 혼합과 중복현상이 나타나는 데에는 여러 가지 이유가 있다. 어떤 교사는 새로운 방법의 개념을 올바로 알지 못한다거나, 자신에게 주어진 수업방식으로 더 훌륭하고 효과적인 수업을 할 수 있기 때문에 새로운 수업개념의 몇 가지 원칙만 받아들일 수도 있다.

그러나 - 이는 드문 경우는 아님 - 아주 특정한 목표그룹의 수요와 학습조건을 위하여 새로운 방법이 개발되어(제2차 세계대전에서 통역관의 필요에 따라 구청각방법이 생긴 것 참조) 이 목표그룹을 위하여 새 방법이 성공적으로 이용되는 경우도 있다. 그러나 이런 방법을 다른 수요와 다른 학습조건을 갖춘 목표그룹에 응용한다면, 제대로 기능을 발휘하지 못할 것이다. 따라서 이 방법은 상황에 맞게 '적절히 조절'되어야 한다.

오랫동안 우리가 믿어왔던 것은 외국어 학습을 집중적이고 '과학적'으로 연구해보면, 결국 모든 사람에게 적용되는 최선의 교수방법을 개발할 수 있으리라는 점이었다. 과학적으로 근거가 있고 보편적으로 적용될 수 있는 교수방법이라는 주장을 제기한 것이 바로 시청각방법이었다(Lado 1964).

의사소통교수법과 상호문화 방법론에 대한 논의에서 이 문제를 다시 살펴보겠다. 그 이유는 이들 방법론이 시청각방법 이후 외국어 교수법 발전에 결정적인 역할을 하였기 때문이다. 논의를 통하여 분명해진 것은 먼저 교수관점(Lehrperspektive)과 학습관점(Lernperspektive)을 구분해야 한다는 점이다. 인간의 기억은 모든 인간에게 학습과정이 비슷하게 진행되도록 구성될 수도 있지만(학습소재의 수용, 저장, 활성화) - 그 점에 대하여 우리는 아직 많이 모르고 있다 - 극히 의심스러운 것은 '모든' 사람이 똑같이 외국어를 잘 배울 수 있는 수업방법을 개발하는 일이 가능하고 의미가 있느냐는 점이다.

이러한 의구심을 갖는 데에는 몇 가지 이유가 있다.

<1> 외국어 수업에는 목표설정이 다양하다.

전공학문영역의 텍스트를 읽기 위하여 독일어를 배우는 학자들은, 예를 들어 무역통신문을 독일어로 처리해야 하는 외국인 비서나 독일에서 사람들과 이야기를 나누려는 관광객과는 서로 목표가 다르다. 학자는 먼저 읽기를, 비서는 쓰기를, 관광객은 듣고 말하기를 배울 것이다. 그러나 우리는 쓰기, 듣기, 말하기와는 다른 수업방식으로 읽기를 배운다. 수업방법은 수업목표에 좌우되는 셈이다. 따라서 듣기와 말하기를 개발시키는 것이 목표인 구청각방법은 읽고 이해하기를 개발시키는 데에는 적절하지 못하다.

<2> 개인과 마찬가지로 다양한 지역에 사는 학습자에게는 학습조건이 아주 다르다.

'나이'가 중요한 역할을 한다. 국민학교 어린이는 외국어를 성인과는 다르게 배운다. 그러나 '고유 문화의 전통'(문화적 가치와 규범, 행동방식, 학습전통), 학습자의 모국어와 목표어에 대한 원근 관계, '지식'과 '경험'의 폭, '다른 외국어 지식', 그리고 지능, 동기, 성취준비도 등과 같은 '개인적인' 요인들도 '효과적인' 수업방법을 개발하는 데 중요한 역할을 한다.

<3> 학습상황도 수업방법을 형성하는 데 지대한 영향을 미친다. 독일어권에서 독일어수업은 당연히 수업장소가 독일어권과 멀리 떨어진

수업과는 다르게 구성되어야 할 것이다. 수업을 구성하는 데 결정적인 것으로는 교과서와 다른 수업매체, 수업시간 수, 교사, 교사자질 같은 요인과 그밖에 '제도적 조건'에 포함된 그룹의 규모와 구성이 있다.

5.2. 50년대의 예: 절충 방법(VM)

다음은 50년대 '학습집단'과 '학습상황'을 고려하는 것이 당시 문법번역방법과 구청각방법의 요소와 원리와 어떻게 결합하게 됐는지 분명하게 보여준다. 이러한 결합을 통하여 '절충 방법(vermittelnde Methode)'이라는 명칭이 외국어 수업 역사에서 자리잡게 되었다. 1955년에는 슐츠(D. Schulz)와 그리스바흐(H. Griesbach)의 새로운 교재 『Deutsche Sprachlehre für Ausländer』(S/G)가 출판되었는데, 이것은 외국어로서 독일어를 위한 교재들 가운데 선도적 위치를 차지하였으며, 오늘날까지도 가장 잘 알려진 교재들 중 하나이다.

[지침]
교재 『Deutsche Sprachlehre für Ausländer』는 전공문헌에서 흔히 문법번역방법의 대표저서로 인용되고 있다.4) 그 이유는 다음과 같다.

- 문법번역방법의 주요 요소들 - 앞으로 알게 되겠지만 - 이 뚜렷이 나타난다. 이 중 하나가 특히 문법의 강조이다. 이것이 교수소재의 전개(문법 축, 이 책의 87쪽 참조)뿐 아니라 개별 단원의 구조를 결정한다.
- 독일어권에는 문법번역방법을 따른 교과서 중 이렇다 할 만하게 보급된 책이 없다. "순수하게" 문법번역방법을 따른 교과서를 찾으려면, 외

---

4) 연구단위서인 Funk/König의 『Grammatik lehren und lernen』(1991). 참조.

국의 출판사들 – 이를테면 영국이나 프랑스 – 에서 알아보아야 한다 (이 책의 29쪽 이하의 예는 Schulz/Griesbach의 책이 간행된 해인 1955년 런던에서 출판된 교재에서 인용한 것임).

5.2.1. 절충방법의 개발은 어떻게 이루어졌는가?

제2차 세계대전 이후 50년대 이래로 독일어를 배우기 위하여 많은 사람들이 다시 독일로 몰려들었다. 이들은 특히 독일어과정을 제공한 괴테 인스티투트(Goethe Institut)를 찾았다. 참가자들의 출신지와 모국어를 감안할 때 이들은 "다양한 혼합체"였다. 모든 과정 참가자들은 성인이었고, 그 중 대부분은 독일어를 배우기 이전에 다른 외국어(영어, 프랑스어, 스페인어)를 '전통적인' 방식으로, 즉 문법번역방법에 따라 배웠다. 하지만 독일어 학습에서는 문법지식을 습득하고, 읽고 번역하는 것 뿐 아니라 다른 사람들과 일상생활에서 독일어로 상호소통하기를 원했다. 그러나 당시 사용된 외국어로서 독일어를 위한 성인용 교재들은 문법번역방법 전통에 따라 저술된 것이었다.

[교수법 개념]

그래서 슐츠와 그리스바흐는 목표설정('구두성' 포함)의 변화, 목표집단의 특수성(외국어 학습에 선지식을 가진 성인, 집단구성원의 이질성)과 학습상황(독일어권에서 학습하기)을 감안한 새로운 교재를 저술하기로 결심하였다. 그들은 문법번역방법의 중요한 원칙을 – 이를테면 문법과 어휘 전개의 체제 – 유지하되, 당시 집중적으로 논의된 구청각방법의 개념에서 – 특히 단원구성과 연습문제 분야에서 – 몇 가지 생각을 받아들이기로 결정했다.

학습집단의 이질성(모국어가 다양함) 때문에 학습소재 제시와 수업방식은 단일언어로 할 수밖에 없었다. 이는 문법 전개과정에서 학습자의 모국어를 고려하고 모국어를 수업언어로 사용하는 문법번역방법의 원칙과 모순된다. 그러나 이것은 학습자의 모국어를 되도록 수업에서 멀리 추방하고, 수업은 오로지 목표언어로만 진행한다는 구청각방법의 요구를 충족시킨다.

　학습장소가 독일어권 안에 있고, 과정 참가자가 수업 이외의 일상생활에서도 어쩔 수 없이 독일어지식을 이용해야 하기 때문에, 단원 텍스트에서는 이를테면 방 구하기, 영화관 방문 약속, 우체국에서, 여행사에서 등과 같은 일상 현실의 주제와 상황을 제시하고, 텍스트는 대화형태로, 대화체로 구성하였다. 이에 따라서 교과서는 '구어 언어사용을 고려하고 언어학습 소재를 일상상황에서 설정해야 한다'는 시청각방법의 요구를 충족시켰다.

[단원 분석]
다음 장에서는 단원의 가장 중요한 부분을 자세히 살펴보자.
- 새로운 학습과제를 포함한 도입텍스트
- 문법부분
- 연습부분

그리고 나서 교재에서 다음을 살펴보기로 한다.
- 단원구성
- 학습소재 전개의 구상

　이때 문법번역방법과 시청각방법의 결합을 통하여 수업 구성에 어떤 변화가 일어나는가를 보여주고자 한다.

5.2.2. 단원의 도입텍스트

　외국어 교재 중 단원텍스트의 특성을 알기 위해서는 다음 세 가지 관점이 중요하다.

<1> 편집
- 텍스트는 어떻게 나누어졌는가(제목, 장(章))?
- 텍스트의 이해를 도와주는 그림은 있는가(시각화)?

<2> 언어적 형성/텍스트유형

- 어떤 언어문체가 사용되는가?
- 어떤 텍스트유형이 사용되는가(예, 서술, 대화, 편지 등)?

<3> 텍스트의 기능

- 텍스트는 지역사정에 대한 정보를 주는가?
- 새로운 언어학습소재(예, 문법)를 제시하는가?

교재에서 인용한 예:

ABSCHNITT SECHS

—— A ——

Zwei Studenten in München

Robert studiert in München. Er ist seit einem Monat dort. Er wohnt zusammen mit seinem Freund Hans beim Kaufmann Krüger, Elisabethplatz. 30, Ecke Agnesstraße. Frau Krüger ist die Hausfrau von Robert. Seine Wohnung ist nicht weit von der Universität. Die Wohnung liegt der Post gegenüber.

Robert geht morgens aus dem Haus und fährt mit seinem Fahrrad zur Universität. Hans hat kein Fahrrad und geht immer zu Fuß. Aber sein Weg ist nicht weit; vom Elisabethplatz zur Universität braucht er nur zehn Minuten.

Mittags nach den Vorlesungen geht Robert mit seinem Freund zum Essen. Sie gehen die Ludwigstraße entlang und bei einem Zeitungsstand links um die Ecke zu einem Gasthaus. Dort ißt man sehr gut. Gewöhnlich bestellen sie ein Menü; das ist nicht so teuer. Nach dem Essen lesen sie die Zeitungen und die Illustrierten und trinken manchmal ein Glas Bier oder eine Tasse Kaffee.

Nachmittags geht Robert wieder zu einer Vorlesung. Jetzt geht er allein ohne seinen Freund, denn Hans arbeitet zu Haus für seine Prüfung. Nach der Vorlesung ist er frei und fährt nach Haus. Manchmal geht Hans seinem Freund entgegen. Dann machen sie einen Spaziergang durch den Park. Nach dem Abendessen arbeiten sie oder gehen wieder spazieren. Oft besuchen sie mit ihren Freunden ein Kino oder ein Theater. Meistens gehen sie aber früh zu Bett, denn sie sind abends immer sehr müde.

(Griesbach/Schulz 1955, 28)

예문의 평가:

편집:

텍스트의 주제를 제시하는 제목이 있다. 즉, 우리는 *Zwei Studenten in München*과 관련된 정보를 얻게 된다. 제목은 두꺼운 활자체로 강조되어 있다.

텍스트에 속하는 것으로는 교회와 시내지도의 일부를 보여주는 두 개의 작은 그림(커트)도 있다('뮌헨의 상징'(Frauenkirche)과 '도시 안내'). 시내지도는 작게 그려져 있어서 많이 이용할 수 없다.

언어문체/텍스트유형:

텍스트는 일종의 "보고(Bericht)"라고 할 수 있다. 문체는 사실적·정보적이며, 언어는 단순하다(주로 병렬 접속된 주문장들).

기능:

텍스트는 두 학생의 뮌헨 생활에 관하여 보고한다. 무엇보다도 그들의 하루일과를 기술한다.

이러한 내용을 전달하는 것 외에 텍스트는 '교수법' 기능도 갖는다. 즉, 이 텍스트는 새로운 문법 학습과제를 도입한다. 이처럼 텍스트를 '문법화하는 것'이 문법번역방법의 특징이다.

[과제 29]

> 생각해 보시오.
> 이런 텍스트 - 제시된 그대로 - 를 교과서 밖 '현실에서', 이를테면 신문이나 'Münchner Geschichten' 모음집에서 발견할 수 있는가?

텍스트를 다시 한 번 정확하게 읽기 바란다. 이 텍스트는 문장마다 아주 특정한 문법현상을 담고 있다. 이 교과서의 저자가 텍스트를 저술한 이유는 이러한 새로운 문법과제를 도입하기 위함이다.

독자는 그것을 찾았는가?

독자는 문법을 설명하고 있는 다음 장을 읽으면 해결책을 얻게 될 것이다.

5.2.3. 문법제시

문법을 포함한 교과서의 B 부분은 도입텍스트와 직접 연결되어 있다. 문법부분은 다음과 같다.

—— B ——

1. Präpositionen mit dem Dativ

Robert geht um 9 Uhr *aus dem* Haus. Er wohnt *mit seinem* Freund *bei seiner* Tante. *Nach dem* Essen trinkt er eine Tasse Kaffee. Er *ist seit einem* Monat in Deutschland. Er bekommt das Geld *von seinem* Vater. Er geht *zu seinem* Freund. Hans geht *seinem* Vater *entgegen*. Die Wohnung *liegt* der Post *gegenüber*.

---
aus, bei, mit, nach, seit, von, zu,

entgegen, gegenüber

IMMER MIT DATIV

Merken Sie! : entgegen und gegenüber stehen immer nach dem Substantiv.

bei dem	→	beim
von dem	→	vom
zu dem	→	zum
zu der	→	zur

2. Präpositionen mit dem Akkusativ

Hans geht *durch den* Park. Robert bestellt *für seinen* Freund ein Glas Bier. Das Taxi fährt *gegen das* Haus. Robert geht *ohne seine* Schwester spazieren. Die Freunde gehen *um das* Haus. Wir fahren *die* Straße *entlang*.

---
durch, für, gegen, ohne, um, entlang

IMMER MIT AKKUSATIV

Merken Sie! : entlang steht immer nach dem Substantiv.

3. Das Zeitadverb

Der Unterricht beginnt *morgens*. Ich lerne immer *vormittags*. *Mittags* gehe ich zum Essen. *Nachmittags* gehe ich spazieren. *Abends* besuche ich ein Kino. *Nachts* bin ich zu Hause.

Ich habe *montags* immer Vorlesungen. *Sonntags* arbeite ich nicht.

Substantiv	Adverb
der Morgen	morgens
der Vormittag	vormittags
der Mittag	mittags
der Nachmittag	nachmittags
der Abend	abends
die Nacht	nachts
der Montag	montags
der Dienstag	dienstags

4. Wortstellung

		I	II	III
Robert geht zur Universität,	*aber*	Hans	bleibt	zu Haus.
Wir gehen zu Bett,	*denn*	wir	sind	sehr müde.
Robert liest,	*und*	Hans	schreibt	einen Brief.
Sie lesen Zeitungen,	*oder*	sie	arbeiten	zusammen.
Er arbeitet nicht,	*sondern*	er	geht	spazieren.

Merken Sie die Wortstellung:
aber, denn, und, oder, sondern zählen nicht!

(Griesbach/Schulz 1955, 29f.)

이 교과서의 문법부분을 자세히 살펴보면, 저자들이 텍스트 'Zwei Studenten in München'을 저술한 이유가 분명해진다. 즉, 이 텍스트는 다음과 같은 새로운 문법과제를 "포장"하는 데 이용된다.

- 3격 지배 전치사
- 4격 지배 전치사
- 시간부사
- 어순

이렇게 하여 언어를 가르치는 텍스트(Sprachlehrtext)라고 부를 수 있는 텍스트가 생긴 것이다. 이런 텍스트는 외국어로서 독일어 교재에서만 볼 수 있고, 수업 밖의 현실에서는 없는 것이다. 우리는 원본 텍스트(언어 수업 이외의 현실에서 인용한 텍스트)와는 달리 이런 텍스트를 '종합적(synthetisch)' 텍스트라고 부른다(그리스어로 synthatein은 함께 모으다(zusammensetzen)를 뜻한다.)

이런 텍스트들이 교재에 자주 나타나면, 이는 교과서가 '언어형태의 문법 전개'에 따라 구상되었으며, 그래서 체계적인 문법수업이 교수법 구상에서 아주 중요한 위치를 차지한다는 - 이는 문법번역방법에 전형적임 - 점을 암시해주는 것이다.

이 교재 문법부분에 나오는 개별 분야는 아주 특정한 도식에 따라 구성되어 있다.

<1> 먼저 새로운 문법현상을 포함하고 있는 예문들이 주어진다. 이때 이들은 다른 글자체(이텔릭체)로 강조된다.

<2> 다음에는 새로운 문법과제와 관련된 규칙이 제시된다. 이 규칙은 틀, 고딕체, 아니면 대문자를 사용하여 특별히 강조된다(즉 아주 중요함!).

<3> 끝으로 각주에 예외규칙이 제시된다. 규칙의 글자는 작으나, 고딕체와 격자체(글자 사이의 간격을 띄움)로 되어 있다: 따라서 이런 예외들을 결코 소홀히 대해서는 안된다.

이런 방법에서 학습단계의 순서를 제시하면 다음과 같다:

예 → 규칙(→ 예외, 예외가 있는 경우)

이런 것을 귀납적 교수방식이라고 한다(시청각방법에 특징임). 이것은 먼저 규칙이 주어지고 다음에 규칙과 관련된 예문(과 경우에 따라 예외)이 제시되는 연역적 교수방식과는 반대이다. 이러한 연역적 방법은 문법번역방법의 특징이다.

[과제 30]

> 생각해 보시오.
> 이 교재의 저자들이 귀납적 교수방식을 선택한 동기는 무엇이라고 생
> 각하는가?

문법부분은 이 교과서에서 아주 일목요연하게 구성되어 있으며, 교수소
재는 작은 단원으로 나누어져 있다. 문법부분은 단원의 '중심'이다. 이것은
텍스트의 구성뿐 아니라 - 곧 보게 되겠지만 - 연습문제의 선별, 단원구성,
전체 교과서의 학습전개도 조정한다.

5.2.4. 연습

연습문제는 이 교과서에서는 도입텍스트와 문법제시 다음에 독자적인 소
단원(D)으로 제공되고 있다.

—— D ——

Übung 26 : *Präpositionen mit dem Dativ* :
1. Robert geht um 9 Uhr aus d__ Haus. 2. Er wohnt zusammen mit sein__ Freund Hans. 3. Ich gehe zu mein__ Schwester. 4. Ihr fahrt heute mit eure__ Fahrräder__ zu d__ Universität. 5. Der Brief kommt von d__ Großmutter. 6. Ich bin schon seit ein__ Woche hier. 7. Sie geht ihr__ Vater entgegen. 8. Nach d__ Essen besuchen wir meinen Onkel. 9. Meine Wohnung liegt d__ Bahnhof gegenüber. 10. Ich habe das Geld von mein__ Vater. 11. Ich mache einen Besuch bei mein__ Tante. 12. Euer Haus steht unser__ Haus gegenüber. 13. Die Schüler kommen aus d__ Schulzimmer. 14. Ich zahle mit ein__ Geldschein. 15. Das Auto gehört meinem Freund seit ein__ Monat. 16. Mein Vater kommt mit mein__ Mutter aus Köln. 17. Ich fahre mein__ Eltern entgegen. 18. Mein Bruder wohnt bei d__ Kaufmann Krüger. 19. Bier trinken wir aus ein__ Glas, Kaffee aus ein__ Tasse. 20. Wir kommen von d__ Unterricht und gehen zusammen zu d__ Bahnhof. 21.

Haben Sie einen Brief von Ihre__ Eltern? – Nein, ich habe keinen Brief von meine__ Eltern, sondern von mein__ Bruder. 22. Ist der Weg von d__ Elisabethplatz zu d__ Universität weit? 23. Ich trinke ein Glas Bier zu d__ Essen. 24. Nach d__ Essen trinke ich eine Tasse Kaffee.

Übung 27 : *Präpositionen* :
1. Wir fahren mit unsere__ Fahrräder__ um d__ Stadt. 2. Das Auto fährt gegen d__ Haus. 3. Heute gehe ich ohne mein__ Freund zu d__ Universität, denn er arbeitet für seine__ Prüfung. 4. Meine Tante fährt mit d__ D-Zug durch d__ Land. 8. Ich mache keine Übungen für mein__ Freund. 6. Nach d__ Schule arbeiten wir immer ohne unser__ Lehrer. 7. Herr Breuer fährt mit sein__ Auto d__ Straße entlang. 8. Die Familie sitzt um d__ Tisch. 9. Der Briefträger bringt einen Brief für mein__ Vater. 10. Nach d__ Essen kocht die Muttter Kaffee für ihr__ Gast. 11. Der Kaufmann arbeitet für seine__ Frau und sein__ Sohn. 12. Wo ist die Post? – Gehen Sie die Straße entlang, dann rechts um d__ Ecke.

Übung 28 : *Antworten Sie mit einem Satz!*
1. Wo wohnen Sie? (**bei**, *mein Vater, meine Tante, meine Freunde*) 2. Wohin gehst du? (**zu**, *die Post, der Bahnhof, das Theater, mein Onkel*) 3. Mit wem gehst du spazieren? (**mit**, *der Vater, die Lehrerin, meine Freunde, die Eltern*) 4. Wann geht Robert nach Haus? (**nach**, *das Essen, der Unterricht, die Vorlesungen*) 5. Für wen arbeitet mein Vater? (**für**, *der Sohn, die Familie, die Kinder*) 6. Seit wann sind Sie in Deutschland? (**seit**, *ein Jahr, eine Woche, ein Monat, vier Tage*) 7. Wo ist die Schule? (**gegenüber**, *die Post, der Bahnhof, mein Haus*) 8. Von wem hat der Schüler das Geld? (**von**, *der Vater, der Onkel, die Schwester, die Eltern*) 9. Wem geht Robert entgegen? (*der Vater, der Gast, die Mutter, seine Geschwister*) 10. Zu wem gehen wir heute nachmittag? (**zu**, *die Hausfrau, der Lehrer, meine Tante, meine Geschwister*)

Übung 29 : *Zeitadverbien* :
1. Wir fahren ...... (Morgen) und ...... (Nachmittag) Unterricht. 2. Ich esse ...... (Mittag) immer um 1 Uhr. 3. In Deutschland arbeiten wir ...... (Sonntag) nicht. 4. Er hat ...... (Sonnabend Nachmittag) keine Schule. 5. Die Lehrer besuchen ...... (Mittwoch) immer das Theater. 6. Wir schreiben ...... (Abend) unseren Eltern und unseren Freunden. 7. Ihr besucht ...... (Freitag) immer eure Freunde. 8. Ich bin ...... (Dienstag Vormittag) immer zu Haus. 9. ...... (Donnerstag) beginnen die Vorlesungen um 9 Uhr. 10. Der Briefträger kommt ...... (Morgen) um 8 Uhr und ...... (Nachmittag) um 3 Uhr.

Übung 30 : *Verbinden Sie die zwei Sätze!*
　　　　Beispiele:
　　　　Wir gehen zu Bett. Wir sind müde. (denn)
　　　　Wir gehen zu Bett, denn wir sind müde.
　　　　Robert fährt mit dem Fahrrad. Hans geht zu Fuß. (aber)
　　　　Robert fährt mit dem Fahrrad, aber Hans geht zu Fuß.

　　1. Ich trinke ein Glas Bier. Mein Freund trinkt eine Tasse Kaffee. (aber)
2. Mein Bruder geht in die Schule. Ich besuche die Universität. (aber) 3.
Hans geht zu Fuß. Er hat kein Fahrrad. (denn) 4. Hans geht nicht zur
Universität. Er arbeitet zu Haus. (denn) 5. Wir gehen um 9 Uhr aus dem
Haus. Die Vorlesungen beginnen um 9.15 Uhr. (denn) 6. Herr Braun bietet
Walter Zigaretten an. Walter lehnt ab. (aber) 7. Er raucht nicht. Das
Rauchen schadet seiner Gesundheit. (denn) 8. Herr Meier macht eine
Geschäftsreise. Seine Frau ist zu Haus. (aber) 9. Er fährt mit dem Taxi. Er
hat keine Zeit. (denn) 10. Der Eilzug fährt um 8.58 Uhr von Köln ab. Er
fährt nicht nach Frankfurt, sondern nur nach Mainz. (aber)

(Griesbach/Schulz 1955, 31f.)

[과제 31]

이 연습문제들의 특징은 어떠한 것인가?
적당한 곳에 표를 하시오.

연습문제의 경과	×	일련번호가 붙은 개별 문장들
		하나의 텍스트 내용을 이루는 연관성이 있는 문장들
연습지침		연습지침은 행동을 표시한다(무엇을 첨가하라, 놀이하라, 하라 등)
		연습지침은 문법 학습소재를 제시한다.
구성		연습문제가 학습자에게 언어를 구사할 수 있는 여지를 준다.
		연습문제는 학습자의 언어행동을 아주 자세히 통제한다(빈 칸 텍스트, 삽입 및 변형 연습)

이 교과서에 전형적인 연습문제형태 :

- 빈 칸 텍스트(Ü 29 참조)
- 삽입 연습(Ü 26과 27 참조)
- 변형 연습(Ü 28과 30 참조). 연습형태가 어려울 경우에는 예를 제시함.

이런 모든 연습형태들은 시청각방법의 특징이다.

연습지침:

특징적인 연습지침을 들면 다음과 같다.

Bilden Sie Sätze ...(im Passiv)

Bilden Sie Fragen

Ergänzen Sie ... (den Satz)

Setzen Sie ... (die Endung) ein

Antworten Sie mit einem ganzen Satz -

그리고 새로 배우게 될 문법과제를 직접 지칭하기도 함(예, "전치사", "시간부사").

이런 연습지침은 언어형태가 정확하게 만들어져야 함을 지적해준다. 이런 연습의 목표는 문법(규칙)을 정확하게 응용하는 것이다.

이 교과서에 나오는 연습문제에서도 문법번역방법과 구청각방법의 혼합이 아주 분명하게 나타난다. 즉, 구청각방법에 특징적인 일련의 연습형태가 사용되기는 하지만, 연습목표에서는 주로 문법번역방법을 따른다.

5.2.5. 단원구성

교과서 『Deutsche Sprachlehre für Ausländer』의 36개의 단원은 일률적

으로 다음 도식에 따라 구분되어 있다.

    A 부분: 읽기 본문
    B 부분: 문법
    C 부분: 어휘
    D 부분: 연습
    E 부분: 읽기 본문(어휘 확장 및 지역사정 정보와 관련된 텍스트)

문법이 전체 교재의 구조를 결정짓기 때문에, 이미 말했듯이 B 부분이 "각 단원의 중심"이다. 개별 단원의 내적 연관관계를 보면 다음과 같다:

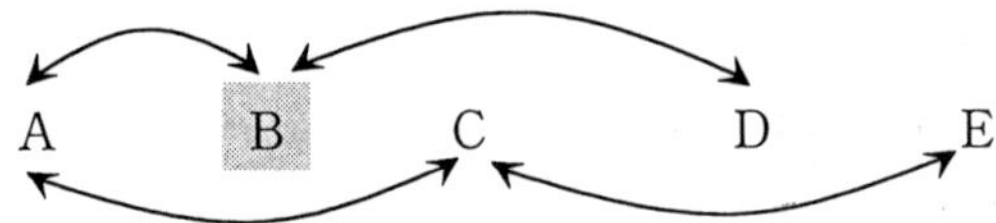

어휘부분(C)은 경우에 따라서는 단원 텍스트(Lektionstext)(A)와 지역사정에 관한 읽기본문(E)의 내용을 다시 이끌어내기도 한다. 어휘전달이 자주 어휘의 형태적인 문제에 집중되기도 한다(조어, 어족, 합성어의 형성, 동사형태 등).

5.2.6. 교수소재의 전개

교과서에 교수소재의 비중, 구분, 순서, 즉 교수소재의 전개가 어떻게 이루어지는지 알기 위해서는 내용목차를 자세히 살펴보아야 한다.
슐츠/그리스바흐의 교과서에는 내용목차가 다음과 같다.

Abschnitt 6 ··· 28
    A: Zwei Studenten in München
    B: 1. Präpositionen mit dem Dativ - 2. Präpositionen mit dem

> Ergänzung der Deklination
> C: Zum Wortschatz
> D: Übung 53-54
> E: Auf dem Postamt

(Griesbach/Schulz 1955, IX)

단원 텍스트(A)와 읽기본문(E)에는 두 가지 주제가 제시된다(이를테면 8과에는 'Mein Haus'와 'Zimmer zu vermieten'). 이 주제들은 각 단원에 나오는 어휘영역을 암시해 준다. 어휘에 관한 또 다른 암시를 주는 것은 C 부분이다.

이 교과서의 내용목차는 문법 영역(B 부분)에서만 자세하고 정확하다. 이것도 문법이 교수소재 전개방식에서 주도적인 역할을 한다는 암시를 명백하게 한다.

문법 전개방식은 독일어 언어형식의 점진적인 난이도(복잡성)를 따른다. 이 원칙에 따르면, 먼저 언어적으로 단순한 형태가 다음으로 어려운 형태가 교수된다.

이와 관련된 두 가지 예를 들어보자.

예 1: 시제체계

단순   제1장 : *sein*의 현재형

제2장 : *haben*과 *heißen*의 현재형

제4장 : 강변화 동사의 현재형

제7장 : 화법동사의 현재형

제9장 : 과거형(약변화 및 강변화 동사)

제10장: 완료형(약변화 및 강변화 동사)

제12장: 동사 *legen/liegen, stellen/stehen* 등의 과거형과 완료형

제13장: 과거완료형

복잡   제17장: 미래형

예 2: 명사변화

단순　　제2장 : 명사: 단수와 복수, 주격과 대격
　　　　제5장 : 명사: 여격, 여격과 대격
↓　　　제9장 : 명사: 속격
복잡　　제11장: 명사변화의 반복과 보충

교수소재 전개방식에서도 '혼합형태'를 보인다. 즉, 교수소재 전개방식에서 문법번역방법과 구청각방법은 '단순한 것에서 어려운 것으로'라는 원칙을 따르고 있다. 문법번역방법이 학습자의 모국어 구조를 고려한다면, 즉 문법과 관련된 학습전개방식을 구상할 때 대비적인 면을 연관시킨다면(이를테면 영어를 모국어로 하는 사람은 프랑스어를 모국어로 하는 사람과 어려움이 다름), 구청각방법은 교재에서 학습 전개방식을 구상할 때 모국어를 확실하게 배제한다(단일언어성의 원칙). 우리가 논의하고 있는 교과서는 교수전개방식을 구상할 때 언어형태면(언어형태의 점진적인 난이도) – 문법번역방법에 전형적임 – 에 집중하는 반면에, 목표어인 독일어만을 고려하고 학습자의 모국어는 염두에 두지 않고 있다 – 구청각방법에 전형적임.

[과제 32]

　　1955년에 출판된 교과서 『Deutsche Sprachlehre für Ausländer』(Griesbach/Schulz)의 교수법·방법론 개념 가운데 어떤 요소와 원칙이 문법번역방법 내지 구청각방법에 속하는 것이라고 규정할 수 있는가? 어떤 것이 두 가지 방법에 모두 해당하는가? 무엇이 새로운 것인가?

	문법	구청각	양쪽	새로움
되도록 목표언어로 수업한다 (단일언어성)		X		

문법의 강조				
일상주제와 일상대화 포함				
문법설명의 귀납적 접근법 (예에서 규칙에 이르는 방법)				
목표언어로 문법규칙 설명				
언어형태에 따른 학습소재 전개방식				
학습자의 언어적 행동을 강 하게 조정하는 연습형태				
집단의 특별한 학습조건과 학습상황에 대한 고려				

6. 의사소통 교수법(KD)의 발전

6.1. 70년대 초의 상황

이 교재의 첫 장에서 외국어 수업에 관한 새로운 방안이 생기기 위해서
는 한 시기의 다양한 요인 - 사회·정치, 제도, 전공학문, 학습이론 등 -
이 공동 작용하여야 함을 명시하였다. 70년대 전반기에 이런 정황이 나타
났다. 먼저 유럽 및 독일의 상황에 근거하여 이 정황을 간단히 살핀 다음
각 분야를 자세히 논의하기로 한다.

시회적·정치적 영역

외국어 지식의 수요가 끊임없이 증대된 것은 제2차 세계대전 후 몇 년
동안 군사적, 문화적, 경제적 동맹으로 유럽 국가들이 연합하면서부터였다.
직업과 여가(관광)에서 유동인구의 증가와 소통매체(예, 전화, 라디오, TV)
의 급속한 발달도 외국어 지식의 수요가 점차 확대되는 데 많은 기여를 하
였다.

독일 경우를 보면, 50년대와 60년대 보수 지향적인 교육정책이 사민당-
자유당 연정으로 교체된 이후에(1969) "개혁 분위기"로 바뀌어졌는데, 새로
운 사회 모델과 새로운 교육정책이념이 논의되었다(슬로건 : 자립적인 교
육학과 교수법).

외국어 학습자의 새로운 집단

[새로운 집단]
외국어 학습은 50년대까지도 여전히 상급 교육의 특권이었다. 당시에 외

국어를 배울 수 있었던 집단은 특히 김나지움 학생들이었다(동년배의 5~
10%에 해당).

이는 60년대에 와서 근본적으로 변화하였다. 예를 들어 독일에서는 60년
대 중엽에 영어가 모든 학생들(김나지움이나 레알슐레(Realschule)에 다니
는 학생뿐 아니라 성취도가 약하다고 평가받은 하우프트슐레(Haupt-
schule)의 학생들)을 위한 학과목(Schulfach)으로 도입되었다.

동시에 학교 밖의 교육영역에서도 외국어가 - 특히 성인들이 다니는 시
민대학(Volkshochschule)의 영역에서 - 급속히 증가하여 제공되었다.

이러한 새로운 목표집단 - 하우프트슐레 학생, 성인, 직업교육 참여자 -
을 김나지움식 수업방법으로는 '가르칠' 수 없었다. 그들의 목표개념과 학
습조건이 김나지움 학생들과는 전혀 달랐기 때문이다. 각 학습집단에 맞는
수업방식 이를테면 영어교육의 경우 "하우프트슐레에 맞는 방법"과 시민대
학 수업의 경우 "성인에 맞는" 교수방법을 개발해야 했다. 목표설정과 수업
방법에서 이러한 새로운 목표집단을 주목해야 한다는 필요성은 독일에서
외국어 교수법과 방법론 개발에 많은 영향과 변화를 가져왔다.

[관련학문]
외국어 교수법과 관련 학문, 특히 언어학과 학습이론에 대한 새로운 인식

외국어 수업의 목표설정을 개정하게 된 결정적인 동기는 '실용언어학
(Pragmalinguistik)'*의 개입에 있었다. 이것은 언어를 언어 형태의 체계로
보지 않고 인간 행위의 한 부분으로 본다(커뮤니케이션 = 언어로 무엇을
(서로) 행함). 같은 시기에는 구청각방법/시청각방법에 기본이 되는 행동주
의 학습이론에 대한 비판이 일어났다: '외국어 학습'은 '행동 프로그램화'로
추구될 수 없고, 오히려 의식적(인지적), 창조적 과정이라는 것이다(Firges
1975, Vielau 1976).

70년대 초부터 외국어 수업에 영향을 미친 이러한 새로운 자극이 생기면
서 먼저 수업 목표설정에 대한 집중적인 토론이 있었다. 그리하여 "의사소
통 능력(kommunikative Kompetenz)"이라는 포괄적인 교수목표를 실행에

옮길 수 있는 새로운 교과과정(Lehrplan)규정이 마련되었다.

"의사소통 방법"의 구성안이 70년대에 여러 단계로 완성되었는데, 아래에서 이 점에 대하여 자세히 살펴보겠다.

6.2. 의사소통 접근법의 지침

70년대 초 외국어 교수법과 방법론의 새로운 방향설정에 대한 토론에서 주된 관심은 다음 두 가지 관점이 서로 의미있게 접목될 수 있느냐는 것이다.

(a) 실용적 관점
(b) 교육적 관점

다음 장에서는 이 두 가지 관점을 자세히 서술하겠다.

6.2.1. 외국어 수업의 실용적인 방향설정

외국어를 학습할 때 실용적인 목표를 깊이 고려해야 한다는 필요성은 사회·정치영역의 발전에서 시작되었다(6.1 참조). 현대 외국어들을 배우는 이유 – 단지 "문서언어(Buchsprache)"로만 존재하는 "고대 언어"인 라틴어와 그리스어와는 달리 – 는 다른 사람과 상호소통하고, 목표어 국가에서 (관광객 또는 사업가로서) 잘 지내며, 사람들과 이야기를 나누고, TV방송, 라디오 프로그램, 신문, 서적을 이해하기 위한 것이다.

[실용적 목표]
이런 것이 바로 실용적 목표이다. 즉, "현존" 언어를 학습하는 이유는 무엇보다 이 언어를 '일상소통(Alltagskommunikation)'에 사용하기 위함이다.

실용적 목표가 70년대 이후에 비로소 외국어 수업을 위해 현실화된 것은 아니다. 이것은 이미 구청각방법(통역사 교육)이 개발되면서 주도적인 역할을 하였다. 의사소통 교수법은 실용적 영역에서 보면 구청각방법/시청각방법으로부터 중요한 자극을 받았으며 - 이를테면 "상황성", "언어모범(Sprachvorbild)의 재현성", 새로운 교수소재를 일상생활에서 찾기, 상황관계에서 연습의 원칙을 - 계속 발전시킨 것이다.

그리하여 외국어 수업의 이러한 실용적 방향설정이 먼저 성인 대상 수업에서 관철되었으며, 이 영역으로부터 일찍이 목표, 수업방식, 시험을 새로 구성하는 자극을 받았다(외국어로서의 독일어증서 Zertifikat Deutsch als Fremdsprache 참조. 이것은 1972년 독일문화원과 성인 독일어교육을 위한 독일시민대학협회가 함께 만듦).

학교영역에서 외국어 수업의 실용적인 방향은 우선 목표설정을 확장하는 것을 뜻했다. 외국어의 문법지식이나 지역사정/문화 영역의 지식은 외국어 학습의 본래 목표가 아니다! 오히려 중요한 것은 학생이 외국어 지식을 일상생활에서 응용하는 법을 배우는 것이다(외국어를 상호소통 수단으로 사용하는 사람들과 교제할 때나 외국어로 된 매체 등을 접하게 될 때). 그러므로 실용적으로 지향된 외국어 수업의 주된 목표는 - 언어 및 지역사정 - 지식을 전달하는 것(이 점에 집중한 것이 문법번역방법임)이 아니라 외국어 '능력(Können)', 즉 외국어 숙달(외국어로 듣기, 말하기, 읽기, 쓰기)을 발전시키는 것이다.

목표설정에서 이러한 방향전환을 진지하게 받아들인다면, 주제와 텍스트의 선정, 언어체계(이를테면 문법)의 중점, 연습의 구성 그리고 학습전개에서 광범위한 변화가 일어나게 된다.

이에 대해서는 실용·기능방법에서 자세히 논하게 된다(6.3장).

6.2.2. 외국어 수업의 교육적인 방향설정

학교에서 외국어 수업의 실용적 방향전환에 관한 토론은 곧 격렬한 논쟁거리가 되었다.

이 학습방법에 대한 반대의견을 들면 다음과 같다:

<1> 언제, 어디서 그리고 어떻게 학생들이 외국어 지식을 정말로 "실생활에서" 사용할 것이라고 누가 장담할 수 있는가? 몇몇 학생들은 이 지식을 이미 학창시절에, 이를테면 외국 여행 때 능동적으로 사용하고, 그리고 학교를 졸업한 후 직업생활에서 사용할 것이다. 그러나 나머지 학생들은 아마 한 번도 사용하지 못할 것이다.

<2> "일상소통을 배우는 것"이 과연 외국어 수업이 학생들에게 제공해야 할 전부인가? 이것만으로 여러 학년을 포괄하는 수업을 구성하기에 충분한가? 외국어와의 만남이 동시에 낯선 세계와의 만남이기도 하지 않는가? 학생의 경험이 확장되면, 이것은 학생의 인격형성에도 기여하지 않을까? 외국어 수업에서는 다른 민족, 문화, 생활방식을 이해하고, 문제를 같이 해결하는 능력을 개발하는 데 특별히 가치를 두어야 하는 것이 아닌가?

물론 독일어 과목이 학교영역에서 '포괄적인' 교육지침 안에 포함되어 있음은 당연하다. 그러므로 독일어과목의 학습목표는 모든 학과목에 적용되는 교육 지침과 분리시켜 제시할 수는 없다.

[기본적인 질문]

그러나 '교육적', '실용적' 목표설정을 서로 접목시키는 방법을 개발하고자 한다면, 먼저 엘리트 교육에 대한 요구가 지양되어야 한다. 그리고 나서 포괄적인 목표설정의 기본질문들이 제기되어야 한다:

- 행동규범, 가치체계, 생활방식, 소통 가능성이 급속도로 변해 가는 시대에 학교는 무엇을 위하여 학생을 교육시켜야 하는가?
- 세상이 그렇게 빠르게 변한다면, 학교는 다음 세대를 맞이할 준비를 어떻게 해야 하는가?
- 급속하게 변하는 세상에서 올바른 성인이 되기 위해서 학생은 어떤 자질이 필요한가?

이런 질문들은 개별 과목의 관점이나 학교와 관련된 질문들을 다루는 교육학 관점에서는 해답을 얻을 수가 없다. 포괄적인 사회적·정치적 영역과 관련된 질문이기 때문이다. 외국어 수업의 포괄적인 사회적*(Habermas 1971), 사회심리적*(Krappmann 1971), 교육적(표어: 자립 교수법(emanzi-patorische Didaktik)) 기초를 다지는 작업이 독일에서는 70년대에 이루어졌는데, 집중적이면서 논쟁의 여지가 있음을 보여주었다(Neuner 1987).

용어해설에서 Emanzipatorische Didaktik(233쪽)과 Sozialpsychologie(237쪽)에 대한 자세한 설명이 있다.

60년대 말 독일에서는 "정권교체"로 보수 성향을 띤 정권에서 사민·자민 정권으로 "개혁 분위기"가 일어났음을 언급하였다. 이는 70년대 초 외국어 수업의 새로운 방향설정에 관한 토론에서 사회정치적 "원칙문제(Grundsatzfragen)"가 결정적인 역할을 하게 하였다. 반면에, 다른 나라에서는 - 이를테면 영국에서 - 외국어 수업의 실용적인 입장(Wilkins 1972, Widdowson 1972, Littlewood 1975 등)이 주류를 이루었다.

[예]

외국어 수업이 포괄적인 교육 목표설정에 포함된 것은 새로운 것이 아니다. "독일 현대 언어학자협회(ADNV)"의 교과과정안에서는 1951년 김나지움의 영어 교과목에 대하여 - 이 안은 주로 문법번역방법의 원칙에 초점을 두었음 - "교육 목표"를 분명하게 제시하고 있다:

교육적인 교수목표:

영·미 문화권은 높은 수준의 인간성 구현을 목표로 제시하고, 문헌에서는 명확한 가치척도를 제공하여, 영어수업은 특히 독일 젊은이가 진리애, 정의, 관용, 자유의식, 개별 인격존중과 외국민족에 대한 경외심 같은 최상의 가치를 개발할 수 있게 한다. 이런 식으로 영어수업은 자기성찰이나 민족화해로 이끈다. 영어문헌에는 마지막 존재문제를 다룬 작품도 많기 때문에 영어수업은 (학생에게) 세계관을 인식하게 할 수 있다(ADNV 보고서 1951. 3).

우리가 기억해야 할 것은 문법번역방법이 김나지움에서 성취도가 비슷하고 교육열이 높은 극소수 엘리트 학생에게 외국어 수업에서 적용되었던 교수법이라는 점이다. 목표는 무엇보다 언어적 지식과 문화적 지식을 전달하는 일이었다.

이런 "교육적인" 목표설정은 다른 교수목표, 즉 "언어적", "정신적·형식적", "문화적" 교수목표와 접목된다.

언어 교수목표:

학생은 문어체 언어와 현재 통용어에 능통하여 이상한 어휘가 포함되지 않는 읽기나 듣기 교재를 이해하고, 줄거리나 사고과정을 나이에 맞게 구어체와 문어체 외국어로 서술할 수 있어야 한다. 이는 기본어휘와 아주 자주 쓰이는 관용표현(음, 글자, 의미)을 수동적, 능동적으로 사용할 수 있고 문법과 문체의 구성법칙을 알고 이를 능숙하게 응용하고, 정상 속도로 말해진 것을 음과 내용에 맞게 수용하고 이를 억양에 맞게 말할 수 있는 능력을 뜻한다 (ADNV 보고서 1951.2).

정신·형식적 교수목표:

영어수업은 젊은이의 정신을 논리적인 사고에 익숙하게 하고, 집중력을 기르는 데 기여해야 한다. 다양한 언어형태와 이들을 문법·문체론 범주로 정리하는 법을 이해하는 과정에서 학생은 정리할 수 있는 사고능력을 배워야 한다 (ADNV 보고서 1951.2).

문화적 교수목표:

문헌을 통하여 학생은 영국민과 미국민의 정신과 문화생활의 안내정보를 얻어야 하며, 점진적으로 발전하면서 오늘날 영국과 미국의 모습을 형성하고 계속 영향을 미치고 있는 힘(Kräfte)을 배워야 한다. 이때 학생은 이미 형성된, 그리고 아직 형성과정에 있는 서구 전통의 구성원으로서 우리 독일인의 정신생활에 영향을 미친 창작물이나 인류문화에 대한 앵글로·아메리카 세계의 기여도를 인식할 필요가 있다 (ADNV 보고서 1951.3).

이러한 제시는 학습소재 – 외국어, 외국문화 – 를 통해서 학생들에게 그 인상이 새겨진다는 점이다.

외국어 수업의 의사소통 교수법을 개발하는 데 중요한 것은 실용적이고 교육적인 방침이 발전하고 결합되는 데에 다음의 것이 확실하게 된 점이다. 의미있는 수업방법은 교수소재에서만 발전되는 것이 아니라 학습집단의 목표설정과 학습조건도 깊이 고려할 필요가 있다. 즉, 교수법 · 방법론 방안을 개발할 때 학습집단의 특수성을 고려해야 한다. 먼저 실용적 목표가 (시청각 방법에 이어서) 강하게 일어나고, 80년대초부터 외국어로서 독일어 수업의 교수법, 방법론에서 지역화(Regionalisierung)에 관한 토론이 중심 주제가 된 것은 우연이 아니다.

학습자 지향적인 방안에서 본 출발점은 다음과 같다.

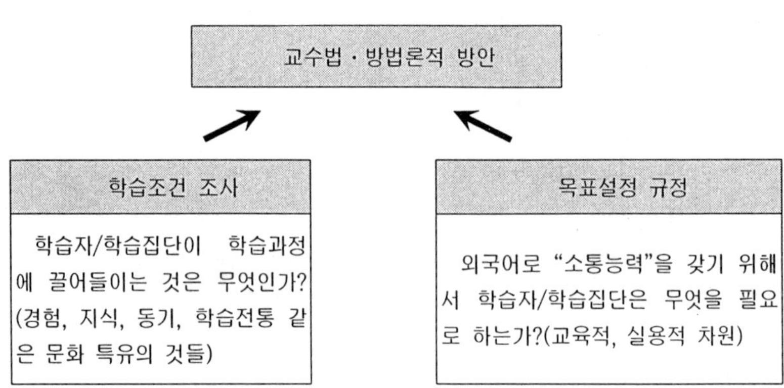

따라서 의사소통 교수법의 발전과정을 두 '단계(Phase)'로 구분할 수 있는데, 학습자 중심으로 방향 설정하는 데에 더 많은 노력을 기울이고 있다:

<1> 70년대와 80년대 초의 실용 · 기능적 방안
<2> 80년대 중반 이후 집중적으로 토론되고 계속 발전되고 있는 상호문화적 방안

다음 두 장(6.3과 7장)에서 이들의 발전과정을 논의하겠다.

6.3. 실용·기능 방안

6.3.1. 실용언어학과 교수방법의 통합

앞에서 구청각방법/시청각방법을 개발할 때 "일상 상황"에서 외국어 사용, "문어체보다 구어체 우선"에 대한 실용적인 면을 고려하는 것이 중요한 자극제가 되었으며, 의사소통 교수법도 이와 접목되고 있음을 언급하였다.

구청각방법이 교수법 방안에서 해결할 수 없었던 어려움은 언어사용을 위한 목표와 언어 '형태'의 분석과 기술을 토대로 한 언어학(구조주의) 사이의 모순이었다. 이로써 구청각방법/시청각방법의 교과서에서는 부자연스럽고 "딱딱하게" 느껴지는 대화가 자주 나왔다. 이는 어떻게 해서든지 언어형태의 문법과제를 "자연스러운 언어상황"에 강제로 넣고자 했기 때문이며, 연습문제에도 언어형태의 정확성에만 집착한 것이 자주 나타났다.

외국어 수업이 이러한 딜레마로부터 벗어난 것은 60년대에 실용언어학 내지 화행론(Sprechakttheorie)*에서 새로운 언어학 토대가 마련되면서부터이다.

'실용언어학'*은 언어를 형태 체계로 보지 않고, 인간의 행위로 본다. 그러므로 인간이 언어를 상호소통의 도구로 이용할 때 "인간이 언어로 무엇을 행하는가"를 연구한다(Austin 1962). 이때 특히 중요한 것은 발화행위 즉 화행(Sprechakt) 분석인데(Searle 1969)(라틴어 *agere* = handeln). 화행의 개별 구성성분은 다음과 같다.5)

- 화자의 전달의도를 체계적으로 기술하고 분류할 수 있는 방법은 무엇

---

5) '실용언어학'에 대한 더 자세한 참고내용은 이 책의 용어설명편(Glossar)의 235-236쪽 참조.

인가(발화의도)?

- 발화의도를 언어로 "전환시키는" 방법은 무엇인가? 특정한 발화의도를 "언어로 된 모형(Versprachlichungsmuster)"에 포괄할 수 있는 가능성은 얼마나 다양한가?
- 구체적인 대화상황에서 다양한 언어로 된 모형의 선택에 영향을 미치는 것은 무엇인가?
- 대화파트너에게서 어떤 효과가 야기될 수 있는가?

실용언어학의 도움으로 '언어기능(Sprachfunktion)'의 개념이 발전되었다. 이 개념의 목표는 수업시간에 배운 것을 일상생활의 의사소통상황에 되도록 신속하고 확실하게 적용하는 일이다.

특히 실용언어학에 의해 만들어진 발화의도(Sprechintention) 체계는 외국어 교수법에서 상당한 주목을 받았고 학습목표 결정과 교수자료 구성에 지속적으로 영향을 미쳤다.[6]

[예]

"마음에 든다/마음에 안든다를 표현하기"의 발화의도는 "평가하는 입장, 가치표현"이라는 포괄적 범주에 속하며, "평가/논평"이라는 기본 화행(말하는 행위)의 일부이다(215쪽의 목록과 2.6 참조).

어떤 사람이 *"Das Bild finde ich scheußlich!"*라고 말한다면, 이 사람은 "마음에 안 든다"는 발화의도를 표현한 것이다. 그는 이것을 말함으로써 뭔가를 '행한다'. 그는 이 그림을 평가하거나 논평한 것이다. 즉 "평가/논평"이라는 화행을 완성한 것이다.

"마음에 안 든다"의 발화의도는 다음처럼 아주 다양한 언어수단에 의해 표명될 수 있다.

- *Das (Bild) finde ich scheußlich!*

---

6) 이 책의 독본편에는 발화의도에 관한 자세한 목록을 제시하였다(『Kontakt-schwelle DaF』에서 인용).

- *Furchtbar!*(그림을 가리키면서)
- *Das (Bild) gefällt mir überhaupt nicht!*
- *Das (Bild) ist eine Zumutung!*
- *Gefällt dir das (Bild) etwa?!*
......

실제 대화상황에서는 이들 가운데 어떤 언어수단이 사용될 것인지는, 예를 들어 우리가 어떻게 관련을 맺고 있으며, 그것을 누구에게 말하고 있는지(아주 잘 아는 사람에게, 아니면 낯선 사람에게), 직접 그림 앞에 서 있는지(그래서 그림을 가리킬 수 있는지), 아니면 (현장에 없는) 그림에 관하여 말하고 있는지에 따라 좌우된다.

외국어 학습에 중요한 것은 어떤 경우에는 언어를 적게 사용하고(*Furchtbar!*), 다른 경우에는 언어를 많이 그리고 더 복잡하게 사용한다는 점이다(*Gefällt dir das (Bild) etwa?!*).

이로부터 우리는 말하는 단계의 '순환적' 전개방식(zyklische Progression)을 발전시킬 수 있다.[7]

마음에 안 드는 것을 표현하기

단계 1: 형용사/부정어 + 형용사
Furchtbar!/Nicht schön!

단계 2: 대격 보충어를 가진 부정 서술문
Ich finde das Bild nicht schön.

단계 3: 여격 목적어와 강조 부정어를 가진 부정 서술문
Das Bild gefällt mir überhaupt nicht!

단계 4: 여격 목적어를 가진, 수사질문으로서의 의문문
Gefällt dir das Bild etwa?!

---

7) 이에 대해서는 6.3.2 (a)를 보기 바람.

[과제 33]

교과서 『Deutsch Aktiv』에서 인용한 예

생각해 보시오.
<1> 아래의 예는 시청각 교재에서도 발견할 수 있을까?
<2> 시청각방법의 어떤 요소들을 발견할 수 있는가?

Na, wie schmeckt dir das?	Die Bratwürste sind sehr gut. Aber das Sauerkraut schmeckt mir nicht.	○ Wie gefällt dir das Kleid? ● Welches? ○ Das da! ● Nicht so gut, etwas langweilig. ○ Hm, das finde ich nicht. ● Das da hinten gefällt mir besser. so?

Wie finden Sie findest du	das ... den ... die ...	**?**	Phantastisch! Ausgezeichnet! Toll/Prima! Sehr gut!	Das finde ich nicht! So? Wirklich? Stimmt!
Wie gefällt Ihnen dir	das ... der ... die ...	**?**	Gut. Es geht. Etwas langweilig. Komisch. Nicht so gut.	Da haben Sie recht! Das finde ich auch! Wirklich! Ganz richtig!
Wie schmeckt Ihnen dir	das ... der ... die ...	**?**	Schlecht. Scheußlich! Eine Katastrophe!	

(Neuner u.a. 1979, 66)

언어로 말하는 모든 대화상황은 이러한 발화행위나 발화의도가 상황에 맞도록 조합된 것이기 때문에, 실용언어학을 통하여 언어기능범주에 따라 외국어 수업을 정확하게 기획할 수 있는 것처럼 보였다.

앞에서 유럽에서는 실용·기능방안이 성인을 위한 외국어 수업영역에서 상대적으로 신속하게 관철되었음을 지적하였다. 유럽에서 성인으로서, 학교 밖에서 계속 외국어를 배우려는 사람은 일반적으로 아주 구체적인 직업적 또는 개인적 생각과 직결되어 있다. 이를테면 무역 파트너와 대화를 하거나 관광객으로서 휴가 중에 외국에서 빨리 적응하고자 한다. 실용기능방안에 따르면, '기초적인' 상호소통에 필요한 만큼 각 외국어를 비교적 신속하게 배울 수 있다.

지난 20년 동안 유럽의회(EUROPARAT)를 통하여 외국어 정책 영역에서 활기를 띤 일련의 작업들이 이러한 생각에서 나온 것이다. 이때 특히 문제가 된 것은 외국어의 도움으로 상호소통의 "기초 수준"(이른바 접촉단계(Kontaktschwelle) 수준)을 정하는 일이다. 이 수준은 그 동안 거의 모든 유럽 언어에서 정해졌다. 외국어로서 독일어 수준은 이미 여러 번 인용한

『Kontaktschwelle Deutsch als Fremdsprache』(1981)에서 Baldegger/Müller/Schneider에 의해 정해졌다.

6.3.2. 실용·기능 방안의 특징

(a) 문법 전개의 변화

앞에서 발화의도를 여러 가지 복잡한 언어화 모델에 배열하면 언어 발화능력을 개발할 때 '단계별로 전개'가 가능하다는 점을 지적하였다(6.3.1. 참조).

[예]
이와 관련하여 또 다른 예를 하나 들겠다.
발화의도 "원하는 것 말하기 (einen Wunsch äußern)"를 언어적으로 단순하게 아니면 복잡하게 표현할 수 있는데, 옷을 구입할 때 가능한 표현들을 살펴보면 다음과 같다.

- *Ich möchte bitte (einen Anzug).*
- *Zeigen Sie mir bitte (Anzüge).*
- *Wo finde ich (Anzüge)?*
- *Haben Sie (Anzüge)?*
- *Könnten Sie mir bitte (Anzüge) zeigen?*
- *Einen Anzug bitte!*
- *Kann ich (den Anzug) mal anprobieren?*
- *Ich hätte gern (einen Anzug).*
- *(Bringen Sie mir) den dort!* (양복을 가리킬 수 있을 때)
- *Würden Sie mir bitte (Anzüge) zeigen?*
- *Wären Sie bitte so freundlich und würden mir (Anzüge) zeigen?!*
  (마지막 표현은 판매원에게 지나친 공손함이나 조급함/조롱을 표현할 수 있음)

분명한 것은 개별 표현이 다양하게 많으면서 복잡한 어휘를 사용하고 있다는 점이다.

단순하고 흔하게 사용되는 예는 *Ich möchte bitte* + 대격 보충어이며, 언어적으로 복잡한 것은 *Ich hätte gern (einen Anzug)*의 구조이며, 가장 낭비적이면서(사용에도 제약된 것)은 *Würden Sie bitte so freundlich sein und...*의 형식이다.

실용 · 기능방안에서 문법 전개를 구상할 때 한 단원이 두세 번 "원하는 것 말하기"의 발화의도를 다루게 되고, 이때 먼저 *Ich möchte...*를, 다음으로 *Ich hätte gern*(경우에 따라서는 고급반 학생들과의 수업에서는 *Würden Sie bitte so freundlich sein und...*)을 언어화 모형으로 도입하고 또한 학습자들이 이미 알고 있는 다른 발화 가능성을 모으게 된다. 이런 식으로 점점 더 많은 표현이 등장하게 된다. 말하자면 학습전개 방식이 생기는 것이다.

[과제 34]

예에서 제시한 언어화 모형을 점진적인 난이도에 따라 정리하여 보고, 구조와 관련하여 각 구조가 포함한 문법을 제시하시오. 독자는 이를 통하여 언어기능 기준에 따라 문법 전개방식을 어떻게 구상할 수 있는지 알게 될 것이다.

그러나 실용 · 기능방안에서는 문법 전개만 바뀌는 것이 아니라 개별 문법과제의 '비중'도 변화한다. "일상상황에서 의사소통하기"를 위해서는 능동적으로 말해야 하고, 독일어 문법을 완전히 전부 알 필요는 없다. 예를 들어 수동구문을 다른, 더 간단한 구조로 대체할 수 있다(예, *man*을 이용한 구문으로). 대화체 언어는 기본적으로 단순한 문장구조와 문장들을 병렬식으로 배열하는 경향이 있다. 그러므로 - 이러한 고려에 근거하여 - 어떤 문법과제가 기초 "전달문법(Mitteilungsgrammatik)"에 속하며, 학습집단이 가장 빠르게 "대화능력(Gesprächsfähigkeit)"을 갖추려 할 때에는, 어떤 문법사항을 선택할 것인지 결정할 수 있다.

다른 한 편으로 "일상소통 능력"은 외국어의 도움으로 대화파트너를 이해하고, 라디오 방송을 듣고 텔레비전 방송을 시청하고 신문 읽는 것을 배울 수 있음을 뜻하기도 한다. 그러나 우리는 듣고 이해하기와 읽고 이해하기 영역에서는 부분적으로 다른 문법사항을 필요로 하고, 이 문법사항이 이해하는 과정에 달리 투입된다(구어체나 문어체 발화의 의미를 확인하기 위해서). 그래서 우리는 듣고 이해하기와 읽고 이해하기를 위한 특수한 교수법과 방법론을 개발할 필요가 있다.[8]

(b) 주제논점/기본어휘의 변경

[과제 35]

사람들이 일상적으로 이야기하는 대상은 무엇인가?
독자는 어떤 주제영역이 일상소통에 중요하다고 생각하는가?
목록을 만들어 보시오.

예:

Einkaufen

. . .

. . .

『Kontaktschwelle』에는 '일상소통(Alltagskommunikation)'과 관련이 있으며 기본 내용어휘를 구성하고 등급화하는 데에 기본이 되는 '주제'(이른바 "특수 개념") 목록이 있다:[9]

---

8) 이에 대해서는 "원본 텍스트"의 분석을 자세히 다루고 있는 다음 장의 항목 (c)에서 참조사항을 보기 바란다.
9) Baldegger u.a.(1980, 236f.) 참조.

[예]

<1> 이력: 인물에 관한 정보
<2> 주거
<3> 환경
<4> 여행과 교통
<5> 식사
<6> 구매와 일용품
<7> 공공 및 개인 업무수행
<8> 건강과 위생
<9> 관찰과 운동
<10> 일과 직업
<11> 교육과 학교
<12> 외국어
<13> 여가와 오락
<14> 개인적인 관계와 접촉
<15> 현실성: 일반 관심사에 관한 주제

개별 항목을 다음처럼 계속 세분할 수 있다.[10]

[예] : <1> 이력: 인물에 관한 정보
<1.1.> 이름
<1.2.> 주소
<1.3.> 전화
<1.4.> 생일, 출생지
<1.5.> 나이
<1.6.> 성
<1.7.> 가족상황
<1.8.> 국적
<1.9.> 출신

---

10) Baldegger u.a.(1980, 236). 참조.

<1.10.> 직업활동

<1.11.> 종교

<1.12.> 가족

<1.13.> 취미, 기호

<1.14.> 성격, 기질

<1.15.> 외모

그리고 계속 알아보면, '기초어휘(elementarer Wortschatz)'와 '상급어휘 (Aufbauwortschatz)'에 관한 정확한 지침을 얻게 된다.[11]

[예] : <1.7.> 가족상황

특수개념	언어적으로 등급화된 표현들
Familienstand	Familienstand(예, 공문서) + verheiratet/nicht verheiratet ledig geschieden
heiraten	+ heiraten Wir haben 1971 geheiratet.
Ehepaar	Ehepaar/Eheleute
Ehemann	+ Mann Mein Mann ist nicht zu Hause. Ehemann(공문서)
Ehefrau	+ Frau Ehefrau(공문서)
Familie	+ Familie Haben Sie Familie?
Kinder	+ Kind Haben Sie Kinder? + Tochter + Mädchen + Sohn + Junge

* '+'는 생산/적극적인 사용을 위해 제안된 것임

---

11) Baldegger u.a.(1980, 242) 참조.

[과제 36]

아래의 것은 주제영역 "가족(Familie)"을 세분한 것이다.

Eltern
Kinder
Geschwister
Großeltern
Verwandte
Verwandtschaft

개개의 상위범주에 속하는 단어들을 찾아보고, 그 다음에 이 단어들 가운데 어떤 것을 생산/적극적으로 사용하는지 제시하고, 또 기초어휘에 넣을 것인지(= "+") 결정하시오.

예: Eltern   + Vater
                             + Mutter
          Kinder   . . . . .

(c) 실제로 의미있는 역할과 상황에 집중함

실용·기능방안의 중요한 것은 외국어로 잘 습득해야 할 '역할'을 분석하는 일이다. 이러한 역할 분석은 목표언어 국가의 체류에 대비하거나, 그 국가에서 외국어 학습을 할 때에 특히 유용하다.

[예]
역할 분석 : 성인 영역(유럽내의 외국)/목표어권에서 체류12)

---

12) Baldegger u.a.(1980, 19f.) 참조.

<부호설명>

[ ] = 능동적으로 숙달해야 할 역할

( ) = 이해해야 할 보충역할

- [고객] / (점원)
- [고객] / (근무요원, 예: 우체국과 은행직원, 주유소 직원)
- [고객, 손님] / (봉사요원, 예: 웨이터)
- [일반인] / (공무원, 예: 세관원, 경찰관)
- [환자] / (의사, 병원직원)
- [승객] / 직원, 예: 개찰원, 택시운전사)
- [승객/승객] / (공공 교통수단에서)
- [교통 참여자 / 교통 참여자] (예, 보행자, 차량 운전자)
- [운전자 / 동승자] (예, 자동차 무료 편승여행자(Autostopper))
- [초대받은 자 / 초대한 자]
- [이웃 / 이웃] (예, 옆방사람 / 옆 사람)
- [정보탐색자 / 사적인 제보자] (예, 길찾기)
- [정보탐색자] / (안내요원, 예: 기차역에서, 교통 사무국에서)
- [관객-청취자] / (대중 연설자, 예: 여행 안내원, 연사, 매체)
- [사적인 대화파트너 / 사적인 대화파트너] / (예, 의견교환)

다음의 도표를 보충하시오

누가 (역할)	어디서? (상황)	무엇에 대하여 (주제)
예: 고객 ——→	예: 가게에서 ——→	예: 옷사기
손님		
일반시민		
환자		
승객		
교통참여자		

운전자		
초대받은 자		
정보탐색자		
관객		
사적인 대화파트너		

역할/상황/주제 가운데 두 가지를 선별하여 짧은 대화를 작성하시오.

아래의 예는 다음 분야가 연결되어 있음을 보여준다.
- 특수한 개념(주제)
  이력 : 인물에 관한 정보: 외모, 성격, 기질
- 역할
  사적인 대화파트너 / 신문독자
- 발화의도
  특성에 관하여 묻고 대답하기
- 문법과제
  형용사 어미(대격 복수)

○ Hier hör mal: "Eine gutaussehende Dame,
   34 Jahre alt, 1 Meter 66 groß, blonder, langhaariger Typ,
   wümscht intelligenten, liebevollen Partner."
   Ist das nichts für dich?

● Nochmal, was für ein Typ?

○ Ein blonder, langhaariger.

● Und was für einen Mann sucht die?

○ Einen intelligenten, liebevollen.

● Nein, nein, die paßt zu dir!
   Sind da noch andere?

○ Ja, hier: "Nettes Mädchen, gutaus-
   sehend, sucht lieben Mann."

● Ach, ich bin doch schon zu alt.

○ Du? Du bist doch erst 48!

● Ich finde Heiratsanzeigen blöd! Und du?

Eine blonde langhaarige 34jährige	Dame	wünscht	einen intelligenten liebevollen	Partner
Ein nettes gutaussehendes	Mädchen	sucht	einen lieben netten	Mann.
ein blonder schlanker	Typ	möchte	einen freundlichen	Herrn kennenlernen

(Neuner u.a. 1979, 68)

(d) 실용 · 기능방안에서 학습전개의 구성

의사소통교수법에 앞서 개발된 방법 특히 문법번역방법과 구청각방법/시청각방법에서는 교수전개 과정을 개발할 때 문법이 주도적인 역할을 하였으며, 다른 모든 요인들, 내용/주제/상황 등은 문법에 종속되었다. 문법 전개과정을 구상하기 위해서는 목표어에서 언어 형태의 점진적인 난이도 원칙이 중요하였다.

실용 · 기능 방안에서는 문법이 주도적인 역할을 하지 못한다. 문법지식은 이미 말하였듯이 더 이상 외국어 능력의 실제 목표가 아니다. 이제는 교수전개 과정을 구상할 때 문법 외에도 다음과 같은 요인들이 동등하게 취급된다.

- 발화의도(이로부터 문법이 유도됨)
- 역할 / 상황
- 주제 / 내용(이에 따라서 어휘가 결정됨)
- 텍스트

교수전개 과정에서 개별 소단원의 중점을 어디에 두느냐에 따라 새로운 문법과제의 전달, 발화상황 내지 어떤 언어로 구성, 특정 주제나 새로운 어휘의 서술, 아니면 (듣기와 읽기) 텍스트의 작업이 중요시될 수 있다.

우리가 제시하고자 한 것은 실용·기능방안에서는 문법이 발화의도에 근거하여 "조직되고", 일상 언어사용에서 이 발화의도가 나타나는 빈도에 따라 비중이 주어진다는 점이다(6.3.1, 6.3.2(a) 참조).

[예] : 시제체계의 취급방식

전통적 전개과정 (언어형태의 점진적 난이도)	실용·기능면을 고려한 전개과정
현재형 과거형 완료형 과거완료형 미래완료형 (이 학습과제들이 동일한 비중을 가짐)	현재형 완료형(과거사실에 대한 이야기) 과거형(주로 신문 텍스트 읽기) 과거완료형(비중이 거의 없음) 미래형(독일어에는 미래사실이 미래형보다 시간부사 등을 통하여 더 많이 표현되므로 비중이 거의 없음) 미래형 II(비중 거의 없음: 이해할 수 있는 것만이 중요함)

실용·기능방안에 따라 구성된 교재를 처음으로 구상할 때 - 이를테면 『Deutsch aktiv』(제1권, 1979)의 경우 - 특히 문법전개 체계와 관련하여 어

려움이 있었다. 즉, 이 교재 – 문법번역방법과 구청각방법/시청각방법 교재도 그러했듯이 – 는 목표집단의 특성을 거의 고려하지 않고 구상한 것이다 (『Deutsch aktiv』에서는 예를 들어 서구공업국가의 성인이라 규정하였다). 그러나 문법전개 과정을 결정하는 발화의도의 순서와 비중은 각 개별 학습자 집단의 의사소통 필요성에 좌우된다. 그러므로 이 교재에서 발화의도의 전개과정을 확정하는 일은 어느 정도 임의적이었다. 그 결과는 전통적인 문법전개 과정과 비교하면 전개 과정에 "건너뛰기"와 "빈 곳"이 생겼다.

「발화의도 + 역할/상황 + 주제 + 문법」의 연결관계도 확고하지 않았다. 그러나 타당한, 즉 일상 발화상황에서 흔하면서 "자연스럽게" 나타나는 상황은 있는 것이다.

[예]

이 책 95쪽 이하의 예에는 "특성에 대하여 묻고 대답하기"((발화의도) + 인물묘사(주제) + 형용사(문법))의 자연스러운 구성이 있다. 그러나 일상 언어사용에서 흔하게 나타나는 다음과 같은 구성도 생각할 수 있다.

- "특성에 대하여 묻고 대답하기"(발화의도) + 옷 사기(주제) + 고객(역할) + 형용사(문법)
- "특성에 대하여 묻고 대답하기"(발화의도) + 집 구하기(주제) + 임차인(역할) + 형용사(문법)

[과제 38]

그 밖의 "자연스러운", 즉 흔하게 나타나는 '문법 – 발화의도 – 역할 – 주제'의 결합을 찾아보시오.

어떤 상황에서 다음과 같은 결합이 흔하게 나타나는가?

	발화의도	역할	주제
– 화법동사	허용/금지	교통참여자	금지구역에 주차(교통신호)

- 수동			
- 완료형			
- 미래 I			

　기능방안을 개발하는 첫 번째 단계에서 교재 저자는 문법, 발화의도, 주제 등의 "자연스러운" 결합관계를 되도록 '대화' 형태로 서술하고자 하였다. 이때 저자는 예전처럼 구청각/시청각방법이론으로부터 영향을 받고 있었다 (예를 들어 문어보다 구어를 선호).

[이 방식의 제한성]
이 방식의 제한점은 다음과 같다.
<1> 모든 문법과제가 발화의도와 주제의 영역에서 "자연스런" 파트너가 되는 것은 아니다.
<2> 많은 문법과제는 대화 텍스트로, 즉 구어로는 "쓰이지 않는" 것이다. 즉, 이들은 특히 비(非) 대화적 텍스트유형에서 "자연스럽게" 나타난다. 이 과제들을 '대화'속에 '집어넣고자' 했다면, 구청각방법 교과서 특유의 인위적이고 합성적인 대화를 다시 만들게 되었을 것이다.
<3> "일상상황"을 언어적으로 적절하면서 원본에 맞게 파악하기 위해서는 (문법과제와 관련된) "표본대화(Modelldialog)"를 구상하는 것으로는 불충분하다. 오히려 적절한 일상상황을 특징짓는 '읽기 텍스트'와 '듣기 텍스트', 그리고 '쓰기(Schreibanlässe)'를 포함시켜야 한다.

[예]

상황 ⟶ 읽기와 듣기 텍스트	
Am Bahnhof	Fahrpläne, Zugdurchsagen, Fahrkarten 등
(역에서)	(기차 시간표; 안내방송; 기차표 등)
Auf Wohnungssuche	Wohnungsanzeigen, Mietverträge, Wohnungsgrundriß,
(방 구하기)	Telefonat 등(광고; 계약서; 방그림; 전화 등)
In der Schule	Stundenpläne, Zeugnisse, Durchsagen 등
(학교에서)	(시간표; 증서; 안내방송 등)

(e) 실용적인 텍스트작업

이러한 고려에 따라서 일상소통의 중요한 학습목표 "독해력(Leseverständnis)"을 새로 규정하고 비중을 두는 결과가 나타났다. 그러나 기능방안에서 읽기는 (문법번역방법에서처럼) "가치있는" 문학작품이 아니라 '일상텍스트'를 이해하는 것과 관련이 된다.

이런 텍스트유형들의 예를 들면 다음과 같다.

(a) 일상을 규정하는 실용텍스트	(b) 제보특성을 가진 비문학 텍스트
Ansagen(안내방송)	Bekanntmachungen(소개)
Anzeigen(광고)	Berichte(보고서)
Bedienungsanleitungen(설명서)	Bildunterschriften(그림설명, 제목)
Bekanntmachungen(소개)	Briefe(편지)
Fahrpläne(시간표)	Erläuterungen zu Grafiken/Statistiken
Formulare(공문서)	(그래픽/통계설명)
Karten(표)	Flugblätter(유인물)
Preislisten(가격표)	Führer(Reiseführer)(안내자, 여행안내자)
Programme(계획서)	Kommentare(논평)
Rezepte(처방전)	Leserbriefe(독자 편지)
Schilder(신호)	Lexika(사전)
Speisekarten(식단표)	Nachrichten(뉴스)
Telefonbücher(전화번호부)	Plakate(플래카드)
Verkehrszeichen(교통신호)	Programme(계획서)

Wetterberichte(일기예보)	Prospekte(안내서) Schlagzeilen(대서특필) Tabellen(도표) Werbetexte(광고문) ... ...

[과제 39]

아래에 일상상황에 관한 목록이 제시되었다.
당신은 이런 상황에서 어떤 독특한 읽기-텍스트유형을 찾을 수 있는가?
다음 도표를 보충하시오.

텍스트유형

Im Hotel(호텔에서)	예: Anmeldeformular, Preisliste, Gepäckaufkleber 등
Im Restaurant(음식점에서)	
In der Jugendherberge(유스호스텔에서)	
Auf dem Campingplatz(캠핑에서)	
Im Reisebüro(여행사에서)	
Auf der Post(우체국에서)	
Auf dem Fundbüro(분실물보관소에서)	
Im Krankenhaus(병원에서)	
Beim Arzt(진찰 중)	
Beim Frisör(미장원에서)	
An der Tankstelle(주유소에서)	

In der Autowerkstatt(자동차 정비소에서)	
Am Zoll(세관에서)	
Im Kaufhaus(상점에서)	
Im Supermarkt(수퍼마켓에서)	
Im Geschäft(Bäcker 등) (가게(빵집)에서)	
Am Kiosk(구멍가게에서)	
Auf dem Markt(장에서)	
Im Flugzeug(비행기에서)	
Im Bus(버스에서)	
Am Bahnhof(역에서)	
Am Taxistand(택시정거장에서)	
An der Haltestelle(정거장에서)	
Im Museum(박물관에서)	
In der Ausstellung(전람회에서)	
Im Kino(영화관에서)	
Im Theater(연극장에서)	

[예]

다음 두 텍스트를 자세히 살펴보시오.

이것은 어떤 종류의 텍스트(어떤 텍스트유형)인가?

(a)

(Neuner u.a.(1987, 79)

(b)

(Neuner u.a.(1987, 95)

[과제 40]

> 맞는 것에 표를 하시오.
> (a)는 다음 텍스트유형이다   (b)는 다음 텍스트유형이다.
> - 보고   - 신문광고
> - 프로그램   - 공고문
> - 요리법   - 신문보고

이 두 텍스트는 교과서에서 그대로 인용한 '원본' 텍스트들이다. 이들은 아주 특별하게 편집된 것이며, 각 텍스트유형에 맞는 전형적인 언어(문체/언어목록)를 사용하고 있다. 이들이 우리에게 가르쳐 주는 지침은 무엇인가를 만드는 방법 또는 특정한 사건이나 사태를 보고하는 방법이다.

	(a) 요리법	(b) 신문보고
편집	4장의 사진이 요리과정의 각 단계를 설명해준다. 요리과정의 각 단계들은 텍스트에 분명하게 표시된다(1., 2., 3., 4.; 분명한 단락 구분).	두꺼운 서체의 제목, (신문) 단에 맞게 배열하기, 때로는 이와 관련된 사진이 있다. 소식(Meldung)의 출처 명시와 뉴스 통신사(dpa : Deutsche Presseagentur)의 명시도 전형적이다.
문체 / 목록	전형적인 것은 "부정형-문체"이다. 즉, (뭔가를 만드는 방법에 대한) 지침을 주기 위하여 완전한 문장을 만들 필요가 없다: (Sie sollen zuerst) 1/2 ℓ Wasser mit 1/2 Kaffeelöffel Salz aufkochen. 여기서는 간결하고 직선적으로 표명된다. - 여러 말을 집어넣을 자리가 거의 없다. 요리법은 독자에게 직접 말을 걸어, 독자가 해야 할 일이 무엇인지를 말한다(요리책에 나오는 요리법은 명령형으로 표명되는 경우도 있다: Kochen Sie 1/2 ℓ Wasser mit 1/2 Kaffeelöffel Salz auf!).	신문보고는 사태를 되도록 명확하고 분명하게 서술하고자 하는 비문학 텍스트이다. 주문장들이 지배적이다. 각 문장은 중요한 정보를 담고 있다. 정보가 (지면관계상) 간단명료하게 표명되어야 하므로, 이를테면 합성어들이 많이 발견된다(예, Einbruchs-statistik).

기능/ 내용	조리법은 요리할 때 실수를 하지 않고, 지침에 따라 모든 것이 마지막까지 잘 되었을 때 목적이 달성된다.	신문보고는 독자가 최종적으로 정보를 올바로 수용하였을 때 목적이 달성된다. - 그러면 독자는 제목의 내용에 관하여 더 정확한 것을 알게 된다 (제목은 "주제"를 제시함).

이런 텍스트에 의한 수업목표:

<1> 실제로 목표어 국가에서 사용되고 있는 그대로 외국어를 이해하는 법을 학습

<2> 원본 텍스트에서 정보를 이끌어 내는 법을 학습

일상텍스트(Alltagstext)읽기를 '이용'함으로써 실용·기능적 교수법에 또 다른 결과를 얻게 되었다. 즉, 독해력 증진은 전통적으로는 "등급화된 (gradiert)", 즉 언어난이도가 단계적으로 계획된 텍스트를 통해서 이루어졌다. 이때 단어 하나 하나의 이해(Wort für Wort Verständnis)가 읽기 방법 (Lesedidaktik)의 토대를 이루었고, 이 방법은 단어 하나 하나의 번역(Wort für Wort Übersetzung)이 외국어를 사용하는 것이라는 생각과 같았다.

[이해문법]

그러나 최근 몇 년 동안 외국어 읽기과정에 관한 집중적인 연구가 추진되었는데(Karcher 1985, Zimmer 1988), 그 결과 처음으로 '이해문법 (Verstehensgrammatik)'을 구상하게 되었다(Bernstein 1986, Neuner 1984, Heringer 1987, Westhoff 1987, Fabricius-Hansen/Heringer 1988).

일상의 원본 텍스트를 외국어 상호소통을 위한 기능으로 이해하기 위해서는 이 텍스트를 세부적인 언어까지 모두 '해석(Dekodierung)'할 필요는 없다(Edelhoff 1985). 텍스트유형의 기능과 독서목적에 따라 다음 정도로도 충분하다.

<a> 텍스트를 '선별적'으로 이해하기, 즉 아주 특정한 정보만 수용하기

(예, 기차 시간표의 경우에 기차 출발시간, 날씨보고의 경우에 중요
한 특정 지역 등)
<b> 텍스트를 '전체적'으로 파악하기(예, 신문기사, 편지 또는 안내책자
의 내용)

목표설정을 이렇게 하면 새로운 방식의 독서교수법, '독서전략
(Lesestrategie)'을 발전시키기 위한 새로운 연습문제를 개발할 필요가 있다
(Neuner 1984, Westhoff 1987).[13]

(f) 새로운 연습 형태와 연습의 연속

외국어로서 독일어 수업에서 "소통능력"을 기르기 위해서는 전통적인 연
습형태 - 이를테면 삽입연습과 전환연습, 빈 칸 텍스트 보충하기 문제 -
로는 불충분하다. 그러면 수업에서는 연습문제에서 현실에 가까운 언어사
용 방식들이 "철저히 연습"(모의실험)되어야 한다.
적합한 연습형태를 결정하기 위해서는 먼저 일상현실의 언어적 행위가
분석되고 의사소통에 중요한 과제들이 작성되어야 한다.

[예]

일상현실의 언어적 행위	⟶	의사소통에 중요한 과제설정
신문텍스트 읽기	⟶	읽은 것을 다른 사람들에게 설명하기 또는 읽은 것을 편지에 요약하기
라디오 방송 듣기	⟶	방송주제와 관련된 또 다른 정보를 (예, 백과사전에서) 찾아보기 또는 다른 사람들과 방송내용에 관해 대화하기

---

13) 이해전략의 발전을 위한 자세한 목록은 이 책의 독본편 224쪽 이하 참조.

[과제 41]

> 원본(100쪽)에는 "상황"과 "텍스트유형"이 배열되어 있다. 이 도표를 다시 한 번 읽어보고, 위에서 작성한 것처럼 "의사소통 과제설정"을 개발하여 보시오.

상황	텍스트유형	의사소통 과제설정
Im Hotel(호텔에서)	Anmelde-formular(등록서) ⟶	Ein Anmeldeformular ausfüllen(등록서 작성하기)
Im Restaurant (음식점에서)	Preisliste (가격표) ⟶	Sich die Preisliste erklären lassen(가격표 설명하기)
In der Jugendherberge (유스호스텔에서)	Gepäckaufkleber (짐표 쪽지)	......
......	....	

"신문텍스트의 읽은 내용을 다른 사람에게 설명하기"와 같은 복잡한 과제를 외국어로 표현하기 위해서는, 한 편으로 텍스트의 이해력을 발전시키게 하고, 다른 한 편으로 문어 내지 구어 발화에 대비하는 연습문제를 개발하여야 한다. 이는 연습문제가 단계별로 연속되었을 때에 가능하다. 연속된 연습문제는 연습행위가 단계적으로 '이해함에서 말하기에' 이르도록 구상된다.

의사소통방법에서는 연습문제들이 기능에 따라 학습과정에서 다음과 같이 나누어진다.14)

---

14) "의사소통적 독일어 수업을 위한 연습유형"에 관한 자세한 서술에 대해서는 이 책의 독본편 226쪽 이하를 참조.

A : 이해력을 발전시키는 데 도움이 되는 연습문제

B : 재생산하는 능력을 발전시키기 위한 연습문제. 이것은 언어 형식을 확고히 하는 일에 집중한다.

↓

C : 전달능력을 발전시키기 위한 연습문제. 여기서는 학습자들이 제시된 역할/상황/상호소통을 언어로 자유롭게 구사한다(재생산-생산연습).

↓

D : 자유로운 발화를 개진해가는 연습문제

출발점으로서 텍스트　　　A, B, C 연습문제　　　D: 의사소통적 과제설정

$$\boxed{T} \longrightarrow \boxed{Ü} \longleftrightarrow \boxed{Ü} \longrightarrow \boxed{Ü} \longrightarrow \boxed{Ü}$$

6.3.3. 실용·기능 교수법의 개방적인 방법론: 수업원칙

의사소통 독일어 수업 가운데 자체적으로 폐쇄적인 "방법론"은 없다. 이는 독일어 수업의 다양한 조건과 학습집단을 학습과정에 끌어들이는 전제가 '학습집단 특유의' 조건과 문화 특유의 학습전통을 포괄하는 '개방적'이고 '유연한' 방법론을 필요로 하기 때문이다. 그렇지만 각 학습집단을 고려하여 조합하고 변형시켜야 할 몇 가지 일반적인 교수법과 방법론 원칙을 제시하면 다음과 같다.

　<1> 학습과정을 '내용'면에서 방향설정하기: 이 내용은 학습자에게 무엇인가 '의미'가 있다, 즉 낯선 세계에서 방향을 잡아주고, 자신의 세계에서 새로운 관점을 발전시켜 나가도록 학습자에게 도움을 준다.[15]

　<2> 학습자의 '적극성': 학습자는 지식으로 "채워져야" 할 "빈 그릇"이 아니라, 학습과정의 능동적인 파트너로, 즉 의식적(인지적)이고 자

---

15) 이와 관련된 자세한 논의는 7.3 참조.

기 발견적인 학습과, 외국어와 창조적인 교제를 하도록 자극을 받아야 한다. 외국어 텍스트에 대한 이해전략을 개발하는 일과 자유롭게 나타낼 수 있는 능력은 "실제 상황"에서 의사소통만을 대비하기 위한 것이 아니라 수업소통(Unterrichtskommunikation) 자체에도 도움이 된다.

이렇게 되면 학습과정자체가 수업에서 학습대상이 된다(예, 나는 어떻게 하면 낯선 텍스트에서 중요한 정보를 이끌어 낼 수 있을까? 어떻게 하면 새 단어들을 가장 잘 알아낼 수 있을까? 등). 수업에서는 학습과정과 여러 가지 학습방법, 학습전략이 토론된다.

<3> 분명한 것은 수업의 '사회적 형태(Sozialformen)가 바뀐다'는 점이다. 즉, 전통적인 정면 수업방식(교사는 강의하고, 학생은 지적받을 때에만 뭔가를 말하는 방식)은 다양한 형태의 개별작업, 파트너 작업, 집단작업을 통하여(학습집단의 가능성과 수업목표설정에 따라) 변화된다.

<4> '교수역할(Lehrrolle)'도 새로운 시각으로 바라보게 된다. 교사는 지식전달자나 "매체기술자(Medientechniker)"라기 보다는 오히려 "학습과정의 조력자(Helfer)"이다.

<5> '교수자료(Lehrmaterialien)'의 개념도 바뀌었다. 폐쇄적이고 프로그램화된 교수체계가 아니라, 어떤 곳에서도 각 학습집단의 목표와 요구에 따라 적용되고, 변형되고, 확장되고, 보충될 수 있는 "개방적으로" 구상된 교수자료를 찾고자 한다.

[과제 42]

구청각/시청각 방법의 이론을 의사소통 교수법의 방법론과 비교하시오.

일치점은 어디에 있는가?

어떤 현저한 차이점을 인식할 수 있는가?

실용·기능방안은 유럽과 그 밖의 산업국가 – 특히 성인교육 영역에서 – 의 외국어 교육 수업에 지속적인 영향을 미쳤다. 80년대 중반까지 새로운 "세대"의 교재들 – 외국어로서의 독일어에서 대표적인 것으로 『Deutsch aktiv』, 『Themen』, 『Deutsch konkret』, 『Sprachkurs Deutsch』 등을 들 수 있음 – 이 생겼는데, 이들은 이 방법의 원칙에 따라 중요점을 다양하게 배열하여 구성된 것이다.

7. 상호문화 방법(IA)

실용·기능방안이 발전된 형태, 80년대 후반 이후 외국어로서 독일어 교수법과 방법론이 목표집단 내지 지역특성을 고려한 안.

7.1. 들어가기

실용·기능방안에 따라 제작된 외국어로서 독일어 수업교과서가 전 세계에 보급되면서 분명해진 것은 "외국어로서 독일어 의사소통 능력"이 전 세계 어디서나 또 모든 사람에게 동일한 의미를 갖는 것이 아니라는 점과 이로 인하여 수업방법도 간단히 "수출"될 수 없었다는 점이다.

[실용·기능방안에 대한 비판]
특히 목표어와 동떨어진 국가들과 문화가 다른 지역에서 문제가 되는 것은 다음과 같은 경우이다.

- 목표국가 출신 파트너와의 의사소통을 위한 직접적인 필요와 가능성이 전혀 없음에도 문어적 언어사용보다 구어적 언어사용을, 읽기/쓰기보다 말하기의 강조와 발화의도에 초점을 둔 교수과정의 경향
- 직접적인 왕래가 없는 목표어 국가의 "일상상황"과 "일상주제"에 대한 지나친 편협성
- 문학적 텍스트를 계속 경시하면서 읽기를 일상텍스트에 제한함
- 학습 프로그램과 학습전개과정 구상에서 모국어 배제
- 언어순서(Sprachenfolge)에서 외적 조건(학제, 기후 등)에서부터 문화특유의 학습전통과 가치 체계 또는 타부 주제에 이르기까지 고유문화

를 학습 조건에서 도외시함

7.2. 예: 타일랜드의 고등학교 독일어 수업

전제조건[16]

<1> 타일랜드에서는 약 2천명이 독일어를 배운다.

<2> 독일어는 (주로 방콕의) 단일학교(Einheitsschule)와 종일학교 (Ganztagsschule)에서 10~12 학년에서 선택과목으로 수업된다.

<3> 독일어는 영어 다음의 제2외국어이다. 선택과목의 경쟁언어로는 프랑스어, 일본어, 중국어 그리고 힌두어가 있다.

<4> 외국어 학습은 - 영어를 제외하면 - 특별히 높은 수준이 아니며 독일어 수업의 동기는 미미하다.

<5> 선택과목으로 자연과학 과목이 더 선호되고 있기 때문에, 독일어를 선택하는 학생수가 전보다 부정적이다. 긍정적인 동기로는 독일 장학금에 대한 기대를 들 수 있다.

　어느 정도까지는 자국에서 배운 독일어 지식을 직업적으로 사용할 수 있는 가능성(관광여행, 독일회사)도 중요한 역할을 하지만, 훌륭한 영어지식은 - 독일 회사에 응시할 때에도 - 기초 독일어 지식보다 더 중요하다.

<6> 어려운 것은 다음과 같은 구체적인 수업상황이다.

- 과밀 학급
- 기후조건(무더위, 습도 등)
- 높은 소음지수(교실에는 일반적으로 유리창이 없음!)
- 학습매체 시설 결여: 카세트 레코드(자주 수업에 사용하기에 부적합한 것도 있음) 외에 환등기(Tageslichtprojektion), 복사기 등이

---

16) Krampikowski(1989), Saeng-Aramaruang(1987) 참조.

지속적으로 사용되지 못한다.
- 언어지식 전문교육과 관련된 교사교육이 부족함. 교사의 낮은 급료 때문에 최고의 교육을 받은 독어독문학도들이 교사직업을 택하지 않고 보수가 나은 무역이나 관광분야의 일자리를 찾는다.
- 문화 특유의 교수전통과 학습전통(정면수업, 교사 중심수업, 교수 텍스트의 암기, 교수소재의 반복과 확인을 위해 함께 따라하기, 지적 받지 않은 공공연하고 '주제넘은' 학생발언 제재 등)
- 목표어 국가에서는 다른 의미를 갖는 특정한 주제(예: 성적, 종교적 타부)의 배제, 사회생활에서 사회적으로 조화를 추구하고 갈등을 회피('체면유지') 등

목표집단의 이처럼 독특한 제도적, 고유문화적, 주관적 조건을 고려하고 상급반에서 독일어를 배우는 타일랜드 학생들의 학습상황을 염두에 둔다(나이, 생활상태, 수업조건, 세상지식과 인생경험, 이미 습득한 영어지식, 학습전통, 독일어 사용국가와의 공간적·문화적인 차이 등). 학생들이 상급반에서 3년 동안 배운 독일어에서 실제로 사용할 수 있는 것이 무엇인지 물어보면, 그들에게는 '실용·기능' 방안이 독일어 수업목표를 적절하게 규정하기에 불충분하다는 점이 드러난다.

<1> 학창시절이나 이후에 독일어 지식을 (여가나 직업에서) 실제로 사용할 수 있는 가능성은 매우 제한되어 있다. 확실하게 말할 수 있는 것은 극소수의 일부 학생들만이 독일어 사용 국가의 관광객(이나 유학생)으로서 독일어 지식을 이용할 수 있다.
<2> 내국에서 독일어 지식이 가장 많이 사용될 수 있는 곳은 관광업이나 독일인 회사이다.

이러한 시각 – 자국에서의 독일어 지식 이용 – 을 독일어 수업 교육과정을 편성하는 데 고려하려면, 외국어에서 배워야 할, 6.3.2(c)에서 인용한

역할이 바뀌어야 한다. "고객"의 역할이 아니라 "판매원"의 역할이 숙달되어야 할 것이며, "손님"의 역할이 아니라 "급사(웨이터)" 등의 역할이 숙달되어야 한다. 이렇게 되면 주제선택과 화행/화자의도의 선택도 바뀌어져야 한다.

[과제 43]

> 6.3.2에서 인용한, "역할", "상황", "텍스트유형", "주제"와 관련된 목록에 근거하여 "타일랜드에서 독일어"를 위한 능동적·구두적 언어사용에 중요하다고 볼 수 있는 것을 작성하여 보시오.

[과제 44]

> 독자 나라의 독일어 수업 상황:
> 다음에서 독자 나라의 독일어 수업 상황을 기술하여 보시오.
>
> <1> 얼마나 많은 학생들이 독일어를 배우는가 - 독자의 평가는 어떠한가?
> <2> 어떤 종류의 학교에서 독일어가 교육되고 있는가?
> <3> 독일어는 제1 외국어인가 아니면 제2 외국어인가? 독일어가 제1 외국어라면, 독일어를 배우기 전에 학생들은 어떤 언어를 배우는가?
> <4> 독자의 학생들은 어떤 과목을 더 높게 평가하는가? 영어, 독일어 등과 같은 외국어 과목인가, 아니면 물리, 화학, 생물 같은 자연과학 과목인가?
> <5> 독자의 학생들이 독일어 학습에 흥미를 갖는 이유는 무엇인가? 독일사람과의 접촉 가능성, 독일어 사용 국가에 관한 정보, 직업기회의 개선, 독일로 여행하거나 언젠가 독일에서 공부하겠다는 생각 때문인가?

<6> 독자의 나라에서는 구체적인 수업상황이 어떠한가?(한 학급
    에 학생수가 많음/적음, 기후조건, 소음에 의한 장애, 그리고
    카세트 레코드, 언어실습실, 환등기, 복사기 등과 같은 매체
    의 사용 가능성; 과목의 수업시간이 많음/적음).
<7> 독자의 나라에서는 독일어 교사는 어느 정도 교육을 받았는
    가?(언어지식, 전문 교수법 교육).
<8> 독일어 수업에 이용될 수 있거나 수업을 어렵게 하는 독자
    나라의 독특한 문화 특유의 학습전통이 있는가?
<9> 독자의 문화권에서는 어떤 주제영역이 '금기시'되고 있는가?
    그리고 공공장소에서 말하면 안되는 것은 무엇이며 해서 안
    되는 것은 무엇인가?

기능적인 목표는 – 수업에 타일랜드 학생들의 능동적인 참여를 고려한
다면 – 중요하지만, 목표어와 동떨어지고 문화적으로 상이한 지역에서 독
일어 수업을 기획하고 구성한다면 '더 포괄적이고 교육적인' 방안에 접목되
어야 할 것이다.

[문화적 가치체계 : 성과]
'국제 통용언어(lingua franca)'로 사용되지 않는 외국어의 학습 – 목표어
와 동떨어진 나라의 독일어가 이에 속함 – 은 당연히 학생들이 수업에서
만나는 낯선 세계를 쉽게 이해하고, 낯선 세계와 대결하면서 '자신의' 세계
에 뚜렷한 윤곽을 설정할 수 있도록 도와주어야 한다.
여기에서 보여주는 것이 목표어 국가에서의 체류를 준비하기 위해 독일
일상생활에서 주제와 상황을 수집하여 제작된 실용·기능방안의 교재들이
'세계적으로' 사용되는 것이 얼마나 어려운가 하는 점이다. 이런 교재들을
– 이를테면 『Deutsch aktiv』나 『Themen』 – 독일어 사용 국가와 공간적으
로 많이 떨어진 지역에서 독일어를 학습하고 독일어권 사람들과 전혀 다른
문화가치체계와 행동방식을 가진 학습자 관점에서 살펴보면, 이러한 교수

법·방법론 개념은 학습자에게 맞게 구상되지 못했음이 분명해진다. 이는 다음을 의미한다.

<1> 학습목표는 새로 규정되어야 한다.
<2> 주제선정이 바뀌어야 한다.
<3> 주제의 제시방식이 바뀌어야 한다. 학습방법도 달리 구성되어야 한다(연습형태와 연속연습문제, 과제설정).
<4> 학습평가(Lernkontrolle)도 각 국가의 특성에 맞아야 한다.

독일어 학습자가 독일어 사용국가의 주요 주제영역과 행동방식에 숙달해야 한다는 점에 이의를 제기할 수도 있다. 맞는 말이다. 그러나 이러한 주장에서 흔히 간과되는 것은 목적어 국가가 갖는 상이점에 대한 이해가 전제될 수 있는 것이 아니라 점진적으로 발전되어야 한다는 점이다.

학습자가 자국 문화영역에서 금기된 사항(자주 술, 성, 종교, 국가 상징과의 관계)을 목표어 국가의 주제영역에서 갑자기 접하는 것 내지 현실을 왜곡하고 희화화(이를테면 아이러니나 풍자화를 통하여)한 것이 학습자에게 거부반응을 야기시키며("문화쇼크") 학습방해를 일으킬 수 있다. 학습자가 자기의 학습전통과 행동방식에 반대되는 연습문제나 과제를 대면할 때도 마찬가지이다(이를테면 "건방진" 토론이나 자기 견해를 표명하는 경우).

다른 한 편으로 교재는 낯선 세계가 제시되는 방식을 통하여(시각화, 원색인쇄, 편집, 금기주제를 우회적으로 접촉, 진지하게 받아들여진다고 생각하는 학습자의 지속적인 적극성 등) 낯선 세계에 대한 순박한 "경탄"을 불러일으킬 수도 있다.

상호문화적으로 설정된 외국어 수업은 자국의 세계를 목표어 국가의 세계와 비교하고, 낯선 세계를 낯설게 인식하고 자극하는 것과, 흥미롭고 매혹적이지만 오해와 위협과 몰이해를 불러일으킬 가능성에 관하여 숙고함으로써 위에서 지적한 위험을 피해야 한다(이와 관련하여 이 책의 169쪽의 예 참조).

　　이러한 것은 점진적이고 단계적으로 학습자의 적지 않은 긴장 상태를 통해서 얻을 수 있다. 긴장감이 나타나는 이유는 낯선 것이 새로운 언어와 문화의 가능성을 열어줄 뿐 아니라 자국의 언어와 문화 경험에 대한 '문제제기(Infragestellung), 곧 위협'을 뜻하기 때문이다. 이런 성취과정이 상당한 희망과 불안감을 동반한다는 것은 당연하다고 할 수 있다. 낯선 것을 향하고 낯선 것에 근거하는 불안감과 희망감은 낯선 문화를 배우고 알고자 할 때 갖는 가장 강한 '동기'와 같은 것이다(Krusche 1983, 251).

　　다음에 인용한 그림은 독일어 수업에서 주제와 발화동기의 차이를 설명한 것이다.

Ein Deutsches Nein heißt Nein

Im vorigen Winter bin ich nach Deutschland gefahren, um meine deutschen Sprachkenntnisse zu verbessern und die Deutschen kennenʒelernen. Ich versuchte, mit den Deutschen Kontakt aufzunehmen. Deshalb habe ich wiederholt Deutsche eingeladen. Und jeder, den ich eingeladen hatte, aß gerne ägyptisches Essen.

Doch einmal, als ich einen Taxifahrer und seine Frau zu mir eingeladen hatte, geschah etwas Seltsames. Ich hatte mich einen halben Tag auf diese Einladung vorbereitet. Als sie um 18 Uhr kamen, war der Tisch schon gedeckt. Ich sagte: "Warum gucken Sie so? Das ist nicht zum Gucken, sondern zum Essen."

Die Frau und ich setzten uns zum Essen hin, aber der Mann wollte nicht und sagte: „Nein, danke!" Ich sagte: „Aber kommen Sie zum Essen, es wird Ihnen gut schmecken." - „Nein", wiederholte er. Dann habe ich noch einmal gebeten: „Aber probieren Sie mal!" Da sagte er ärgerlich: „Ich kann nichts essen." - „Das geht doch nicht!" sagte ich, „Sie müssen etwas essen." Da erwiderte er: „Was sind Sie für ein Mensch!" Ich dachte: Was hast du getan, daß er so ärgerlich ist? Während des Essens fragte ich

die Frau, die mich anstarrte, als sei ich verrückt: „Warum will er nichts essen?" – „Ehrlich, wenn er könnte, dann hätte er gern gegessen. Wir hatten keine Ahnung, daß Sie uns zum Essen einladen würden." – „Ach, Entschuldigung", sagte ich. „Bei uns in Ägypten ist bei einer Einladung das Essen eine ganz selbstverständliche Sache. Der Gast sagt zwar aus Höflichkeit 'Nein danke', aber damit ist nicht gemeint, daß er wirklich nicht essen will. Man soll den Gast mehrmals zum Essen auffordern, und der Gast wird immer etwas nehmen, auch dann, wenn er keinen Hunger hat, damit die anderen nicht böse auf ihn werden."
So habe ich erfahren, daß „Nein" auf Deutsch ehrlich „Nein" heißt.　　Fatma Mohamed Ismail

(Mebus u.a. 1989, 149)

7.3. 목표집단을 고려한 수업주제와 내용의 선택

　독일어 수업의 기준으로서 문법전개와 "일상상황"에 중점을 둠으로써 교과서 텍스트의 내용은 흔히 부차적인 것이 되었다. 주제와 상황은 특히 초급수업에서는 거의 문법과 어휘를 "포장"하는 데 사용된다. 새로운 주제들은 보통 "대화형태"로 제공되며, 학생은 이 "표본대화"를 암기하고 재생산해야 한다. 16세 타일랜드 학생들에게는 그러나 외국어 학습에서 다시 한 번 주제영역을 "되풀이해야" 한다면, 즉 어린 시절에 모국어를 습득할 때 고무적이고 중요했던 역할놀이를 재현한다면(신체부위 열거하기, 옷 이름 말하기, 옷 '구매하기' 등), 이것은 동기부여가 되지 않는다.

독일어 수업에서 학생의 관심을 끌 수 있는 것은 무엇인가 다른 것이다: 낯선 세계에 대한 통찰을 하고 자국의 세계와 비교할 수 있는 가능성이다. 교육학 관점에서 독일어 수업에 의미가 있는 주제는 학생의 인생경험을 넓히는 데에 기여하여, 자기의 인생경험과 접목할 가능성을 주고 낯선 세계와 자기 세계에 관해 계속 의문을 가져보도록 하는 것이다.

[**과제** 45]

> 16살 난 학생에게 자기의 세상경험과 독일어 사용 국가에 대한 경험이 결코 "백지상태"는 아니다.
>
> 독자는 학생들이 일차적으로 유럽과 독일어권 국가에 관한 정보를 어디에서 얻는다고 생각하는가?(TV – 신문 – 영어 수업 – 다른 수업과목 – 부모 – 관광객 – 독일 회사?)
>
> 그들의 독일에 관한 지식은 어느 정도라고 보는가? 그들의 독일 지식은 무엇에 관한 것인가?(정치 – 스포츠 – 문화(음악/문학 등) – 역사 – 일상세계 – 팝문화?)
>
> 낯선 문화에 관한 정보는 언제나 단편적인 것이다. 독자의 나라에서는 "독일인/오스트리아인/스위스인"에 대하여 어떤 고정관념이 있는가? 이는 특히 무엇에 제한되어 있나?

낯선 세계와의 만남은 고유문화에 따라 형성된 학습자의 인생경험이나 낯선 세계에 관한 단편적인 지식을 배경으로 이루어진다. 이러한 만남이 학습자의 자기이해(Selbstverständnis)에 미치는 효과는 낯선 세계에 대한 경탄과 자기 문화에 대한 평가절하에서부터 "낯선 것"에 대한 강한 거부감 (문화쇼크!)에까지 이를 수 있다. 그러므로 주제를 선정할 때 매우 신중을 기해야 한다.

중요한 것은 학생이 자신의 인생경험과 의미있게 접합할 수 있도록 주제들이 선별되고 구성되는 일이다. 학생은 "낯선 세계로 여행"할 때 자국 문화의 경험에 대한 분명한 태도를 가져야 함과, 동시에 낯선 세계로부터 많은 새로운 호기심이 일깨워지지만 (그것을 배울 동기), 그러나 낯선 세계를 "경탄"만 하게끔 해서는 안된다. 그러므로 이러한 이해와 학습과정은 수업에서 - 필요한 경우에는 모국어로 - 되풀이해서 언급되어야 한다.

독일어수업에서 지역사정과 관련된 주제를 선정할 때 일차적으로 문제가 되지 않는 것은 독일어권 목표국가의 시각으로 지역사정 지식을 체계적으로 서술하는 일이며, 자국 문화의 인생경험을 토대로 지역사정과 관련된 사태를 선정하는 것만도 중요하지 않다.

우리가 노력해야 할 것은 독일어권 세계를 학생들의 눈으로 바라보는 법을 배우는 것이다. 그렇지 않으면, 그들에게 무의미하거나 정보 이상의 혼란을 야기시키는 지식을 "강요"할 위험이 있다.

다른 한 편으로는 대표성이 없는 단편지식을 선정하지 않도록 조심해야 하는데, 이는 학생이 올바른 평가를 할 기준이 서지 않고 단편지식을 일반화할 경향이 있기 때문이다.

7.3.1. 학생의 관심

[과제 46]

> 교육적으로 의미가 있고 동시에 목표어 국가의 속성을 왜곡시키지 않고 서술할 수 있는 주제를 찾을 수 있는 방법은 무엇인가?
>
> 그런 주제들 가운데 몇 가지를 열거해 보시오.

하나의 가능성은 학생들이 무엇에 관심이 있으며 독일어 수업에서 어떤 주제들을 다루고 싶어하는지를 학생에게 물어보는 일이다.

이런 설문조사는 그러나 주제선정에 평가의 한계를 준다. 학생의 관심분야는 성장단계와 나이에 따라 바뀐다. 그리고 자국의 사회적 · 문화적 가치 설정이 바뀌는 정도에 따라 또 한 문화권 안에서도 바뀐다.

또 다른 가능성은 독일어권 국가에 살고 있는 같은 연령층의 청소년들에게 주제와 질문을 알아보는 일이다. 그러나 이런 주제들도 - 구 동독의 청소년들이 동년배의 서독, 오스트리아, 스위스 청소년들과는 전혀 다른 질문에 몰두하였던 점을 간과하면 - 목표어 국가에서 사회체계가 바뀌게 되면 재빨리 변한다.

예를 들어 "실업(Arbeitslosigkeit)"이란 주제는 80년대 초 서독의 청소년에게는 아주 흥미로운 주제였다. 이것은 이른바 "무위도식 세대(Null-Bock-Generation)"(= "그 어떤 일에도 흥미를 갖지 않음"을 뜻하는 청소년 은어)을 대표하는 일면이었다.

80년대 말에 이런 문제들은 출생률이 급격하게 감소함에 따라 많이 해소되었다. 비교적 최근의 설문조사에 의하면, 90년대 초의 13~15세의 세대는 적어도 80년대 초의 동년배 학생들보다 훨씬 "삶의 의욕(Lebensmut)"을 가지고 있는 것으로 나타났다.

독일어권 국가의 젊은이들에게 "아주 시대적인" 주제가 동일한 강도로 독자 나라의 청소년을 선동하는 주제가 되어야하는 것은 아니다. 그것은 이들에게는 무관심과 몰이해를 가져다 줄 수 있다.

7.3.2. 보편적인 생활체험: 외국어로서 독일어수업의 상호문화적 주제설정을 위한 "징검다리"

학생의 관심은 여러 가지로 급격하게 변화할 수 있기 때문에, 우리는 교과과정을 기획할 때 자국의 사회와 문화속에서 자라가면서 보편적인 경험으로 돌아갈 수 있는 주제영역을 찾아야 한다. 즉 그것은 학생이 어떤 문화권에 속하든 동일하게 모든 사람이 하는 그런 경험으로 소급할 수 있는, "인간존재"의 보편적인 "생존경험"에 속하는 주제영역이어야 한다. 수업기획을 이런 주제로 구성한다면 확신할 수 있는 것은 상호문화를 비교하는 데에 토대를 이루는 보편적 경험이 학습자에게 생긴다는 점이다.

[과제 47]

자세히 생각해 보시오.

어떤 나라, 어떤 문화, 어떤 사회에서 살고 있든 상관없이 모든 사람들이 겪는 인생경험으로는 어떤 것이 있는가?

다음 목록을 계속 써 보시오.

예:

Jeder Mensch muß essen und trinken.
Jeder Mensch wird einmal krank.
. . .
. . .

[자기 세계와 낯선 세계]

비 독일인 학생은 이러한 주제에서 우선 자기가 주제와 일반적으로 관계가 있음을 '지각'할 것이다. 그는 동시에 자기 자신의 인생경험과 독일어권 국가의 관련집단 간에 차이가 있다는 점도 인식할 것이다. 그러니까 한 편으로 자기 세계와 낯선 세계와의 사이에서 낯선 세계에 도달하는 "징검다리"(외래문화와의 연결(Überbrückung))가 있는 것이다. 그러나 동시에 그 학생에게는 낯선 세계를 탐색하고픈 동기가 일어날 정도로 (낯선 세계에서 지각되는 구체적인 개별 현상으로부터) "부분적으로 이해하지 못하는 긴장감"도 있을 것이다. 그런 식으로 우리는 낯선 세계의 요소, 단위, 구조를 자기 세계의 요소, 단위, 구조와 연관시키고 "암시하고" 의미 형성과정에서 서로 접목시키는 기회를 학습자에게 제공하는 것이다.

이는 실제 모습보다 더 복잡하게 들린다. 학습심리학에 따르면, 새로운 지식요소와 경험요소의 수용은 기존하는 자국 문화의 지식과 경험과 연결되고 동화될 수 있을 때에만 가능한 것이다. 결국 이런 학습과정만이 학생들 "시야를 확장(Horizonterweiterung"시키고 인격발달에 기여를

한다.

　체계적인 비교 인류학은 오래 전부터 인간의 생활경험에 이러한 보편요
소들(Universalien)이 기술되고 범주화될 수 있는 과제를 연구하고 있다
(Murdock 1945, Rudolph/Tschohl 1977, Kohlberg 1963).

　보편적인 생활경험은 다음과 같은 것이다.

＜1＞ 기본적인 존재경험(출생, 죽음, 세계 속의 존재)
＜2＞ 개인적인 정체성("자아(Ich)"-경험, 개인 성격)
＜3＞ 사적인 영역에서 사회 정체성(가족과 같은 사적인 공동체: "우리
　　　(Wir)"-경험)
＜4＞ 공적인 영역에서 사회 정체성(예, 이웃, 공동체, 국가 등: "당신
　　　(Sie)"-경험)
＜5＞ 파트너 관계(우정, 사랑: "너(Du)"-경험)
＜6＞ 거주(집, 고향)
＜7＞ 사적인 공간 외의 주변(환경, 자연, 문명 등)
＜8＞ 노동(부양책임)
＜9＞ 교육(공동체에서의 가치 지향)
＜10＞ 생계(식량, 의류 등)
＜11＞ 가동성(공간-경험, 교통 등)
＜12＞ 휴가/예술(목적과 무관한 생활 구상)
＜13＞ 의사소통(기호체계인 매체의 이용)
＜14＞ 건강보호(건강, 질병, 위생)
＜15＞ 규범과 가치 지향(윤리적 원칙, 종교적 지향 등)
＜16＞ 시간적·역사적 경험(과거, 현재, 미래)
＜17＞ 정신적·영혼적 차원(자아성찰, 상상력/환상, 회상, 감정 등)
　・・・・・・

[예 : 여가]

위의 목록은 완벽한 것이 아니며 매우 추상적이다. 이것은 기본적인 주제선정에 역할을 담당할 수 있는 "탐색범주"라는 첫 인상만을 풍겨야 한다. 이 목록은 외국어로서 독일어 수업에 중요한 주제영역을 정리하면 문화와 나이 특유의 요인을 고려하여 상세히 정해져야 한다(살고 있는 곳은 같을지라도, 10살 난 학생의 "여가 구상"은 16살 난 학생의 경험/관심과 다르다. 네덜란드 학생이 갖는 경험/관심은 타일랜드 학생이 갖는 것과 다르다.)

① Dieter Goedecke

Alter: 15 Jahre
Größe: 1,72m
Haare: braun
Augen: blau
Geschwister: 1 Bruder,
 1 Schwester
Hobbys: Musik hören
Lieblingsfächer: Sport,
 Englisch

② Petra Beikirch

Alter: 14 Jahre
Größe: 1,65m
Haare: rotbraun
Augen: hellblau
Geschwister: 1 Bruder
Hobbys: Reiten, Gitarre
 spielen
Lieblingsfächer: Deutsch,
 Musik, Sport

③ Ertürk Hassan

Alter: 15 Jahre
Größe: 1,58m
Haare: schwarz
Augen: braun
Geschwister: 2 Brüder,
 1 Schwester
Hobbys: Fußball spielen
Lieblingsfächer: Sport,
 Technik

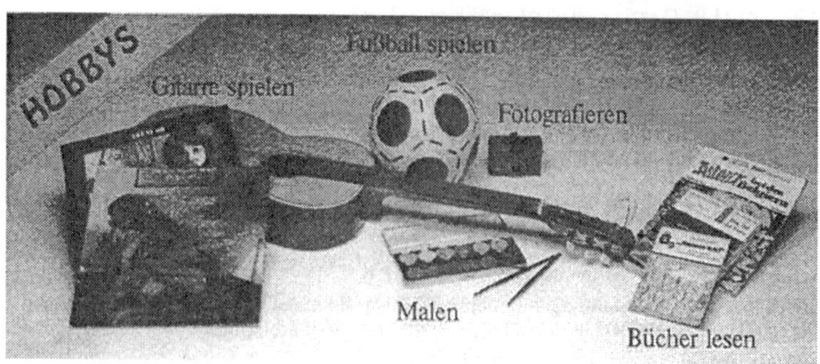

Er/Sie heißt .....
Er/Sie ist ..... (Jahre alt.)
Er/Sie ist einen Meter ..... groß. Er/Sie ist eins ..... .
Seine/Ihre Haare sind ..... . Er/Sie hat ..... Haare.
Seine/Ihre Augen sind ..... . Er/Sie hat ..... Augen
Er/Sie hat ..... Bruder/Schwester/Brüder/Schwestern/Geschwister.
Sein/Ihr Hobby ist ..... Seine/Ihre Hobbys sind ..... .
Sein/Ihr Lieblingsfach ist ..... . Seine/Ihre Lieblingsfächer sind ..... .

Ü1 Bitte beschreiben:

Personen ①–⑥

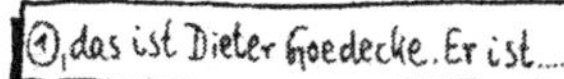

Ü3 Bitte beschreiben:

deinen Freund, deine Freundin:
deinen Lehrer, deine Lehrerin:
deinen Bruder, deine Schwester
oder deinen Vater, deine Mutter.

Ü2 Und du?

Name, Alter, Größe, Haare, Augen, Geschwister,
Hobbys, Lieblingsfächer .....?

(Neuner u.a.(1983, 50))

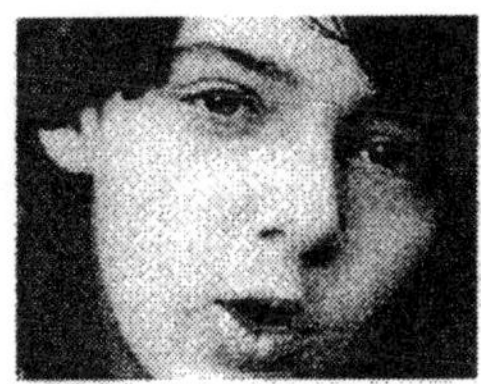

④ Bettina Tscholl

Alter: 14 Jahre
Größe: 1,64m
Haare: dunkelbraun
Augen: blaugrün
Geschwister: 1 Bruder,
 1 Schwester
Hobbys: Lesen
Lieblingsfächer: Deutsch,
 Englisch

⑤ Marc Leis

Alter: 14 Jahre
Größe: 1,58m
Haare: braun
Augen: Graublau
Geschwister: 1 Schwester
Hobbys: Briefmarken
 sammeln, Platten hören,
 Fußball spielen
Lieblingsfächer: Deutsch,
 Musik, Sport

⑥ Claudia Schmidt

Alter: 16 Jahre
Größe: 1,70m
Haare: blond
Augen: grün
Geschwister: 1 Schwester
Hobbys: Malen,
 Fotografieren
Lieblingsfächer: Kunst,
 Erdkunde, Sozialkunde

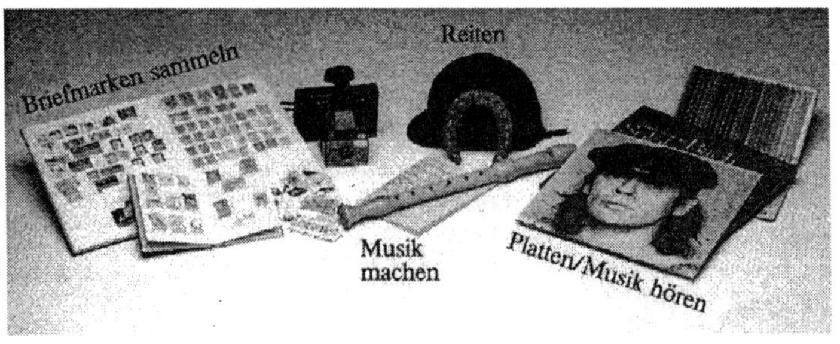

Dieter	hat	Sport	gern.
	hat	Mathematik	nicht gern.
	mag	Sport	ganz besonders.
	mag	Mathematik	überhaupt nicht
	findet	Sport	klasse.
			spitze.
			stark.
	findet	Mathematik	blöd.
			doof.
			langweilig.
	interessiert sich sehr für	Musik.	
	interessiert sich nicht für	Sozialkunde.	

Ü4　Und Petra? Marc? Claudia? Ertürk? Bettina?

(Neuner u.a.1983, 51)

[과제 48][17)]

다음의 예를 자세히 살펴 보시오.

"여가"

독일 학생은 어떤 활동을 제시하는가? Musik hören(음악 듣기)	독자의 나라의 학생은 쉴 때 무엇을 하는가? (가능하다면 학생들에게 질문해 보라.)

평가 :

<1> 독자는 독일 학생과 독자 나라의 학생에게서 어떤 여가활동을 발견하는가?

<2> 명백한 차이는 어디에 있는가?

<3> 독일 학생들의 여가활동 가운데 어떤 것에 대하여 독자 나라의 학생들이 관심을 가지고 있다고 생각하는가?

<4> 무엇이 독자 나라의 학생에게 극히 낯선 것인가? 그런 것을 독자의 학생들에게 어떻게 설명해야 할 것인가?

---

17) 다른 목표집단 - 독일에 거주하는 외국 학생들을 대상으로 한 독일어 수업 -을 위한 경험영역에 관한 설명은 이 책의 독본편의 228쪽 이하 참조.

> <5> 무엇이 독일 학생들에게 극히 낯선 것인가? 그것을 독일인 (편지-)파트너에게 어떻게 설명할 수 있을까?
>
> "학교"란 주제의 어떤 면이 독자 자신의 학교에서 특히 흥미가 있다고 생각하는가?

[과제 49]

> 독자의 학생집단에 대하여 유사한 도표를 작성해 보시오.

7.3.3. 교수법 · 방법론을 위한 결론

이러한 논의를 통하여 목표문화와 거리가 먼 독일어 수업의 교수법과 방법론을 위해서 다음 몇 가지 결론을 이끌어 낼 수 있다.

<1> 상호문화적으로 지향된 수업 방안에서는 주제영역이 학습집단의 기본적인 인생경험과 접목되고, 그리고 목표어 국가의 동년배 집단의 대표적인 인생경험과 연결되어야 한다.
<2> 낯선 세계는 학급이나 주변환경에서 직접 현존하는 것이 아니라 수업에서 항상 매체를 통하여 전달되는 것이다. 그러므로 세분화된 이해 교수법은 보기, 듣기, 읽기 텍스트 쪽으로 개발되어야 한다(영화, TV 등과 비디오, 레코드/카세트, 모든 종류의 읽기 텍스트유형). 이러한 교수법은 극히 의식적으로 자국 문화의 전통과 문화공간적인 거리감 때문에 생겨나는 보기, 듣기, 읽기의 차이점을 함께 구상해야 한다.

<3> 외국어 표현능력(말하기)의 발전은 "대화하기"뿐 아니라 "사실/주제에 대하여 말하기"(토론하기)와도 관련이 있어야 한다.

<4> 외국어 표현능력의 발전은 제시된 대화모형을 단순히 모방해서 이루어지는 것이 아니라, 항상 외국어로 표현하기에 앞서 발달되는 이해과정을 토대로 이루어지는 것이다. 따라서 교수법의 성과는 다음과 같아야 할 것이다: "외국어로 이해하는 것에서부터 의사표현으로".

<5> 세분된 이해 교수법(Verstehensdidaktik))의 발전은 무엇보다 세분된 읽기 교수법(Lesedidaktik)의 발전을 의미한다. 그 이유는 읽기 텍스트는 예나 지금이나 - 계속해서 오랫동안 - 외국어 수업의 토대이기 때문이다.

<6> 목표어와 먼 지역에서는 수업의 상호문화적 방안에서 읽기는 일상생활의 텍스트유형 뿐 아니라 특히 허구적(fiktional) 텍스트도 다루어야 한다. 문학은 이 방법에서 아주 중요한 의미를 갖는다.

<7> 상호문화적 독일어 수업의 기본 방법은 자국 문화의 요소, 단위, 구조를 목표문화의 그것과 비교하는 방법이다. 이것은 엄연히 언어비교도 포함한다.

<8> 보통 학생의 머리 속에서 "말하지 않는 과정(stummer Prozeß)"으로서 수행되는 이러한 비교는 수업에서 주제, 곧 논의의 대상이 되어야 한다. 수업의 교육적인 성과에 중요한 것은 다음과 같은 것이다: 낯선 세계에 관한 새로운 텍스트나 사진을 해석해 내고자 하는 방법, 자국 문화의 어떤 영향에 근거하여 낯선 세계에 대한 이미지를 구성하는 것, 그리고 이 이미지가 새로운 정보를 통하여 어떻게 바뀌고 확인되며, 무엇으로부터 목표어 국가에 관한 판단 또는 선입견을 얻게 되었는지 반복해서 말해주는 일이다.

[예]

Diskussion Küssen

Die während des zweiten Weltkriegs in England stationierten amerikanischen Soldaten hatten vielfach Probleme mit ihren englischen Freundinnen, und umgekehrt: Die Engländerinnen fanden die Amerikaner zu stürmisch, und die Amerikaner fanden die Engländerinnen nicht sehr moralisch. Die Erklärung für diesen Widerspruch liegt in folgendem Schema, das die damals in den beiden Kulturen jeweils „normale" Entwicklung einer LIEBESBEZIEHUNG darstellt. Die Zahlen 1-30 stehen für die einzelnen Schritte (Entwicklungsstufen) vom ersten Augenblick der Bekanntschaft bis zum „Geschlechtsverkehr", wie der juristische Ausdruck heißt.

USA		Groß britannien
1	erste Kontaktaufnahme	1
2		2
3		3
4		4
5	Küssen	.
.		.
.		.
.		.
25	Küssen	25
.		.
.		.
29		29
30	Geschlechtsverkehr	30

1 Versuchen Sie bitte in einer Gruppendiskussion, das Schema zu interpretieren und die Lösung des Widerspruchs zu finden. (Wenn Sie nicht alleine darauf kommen, so ist das auch kein Beinbruch: Die richtige Lösung steht im Buch Ihres Lehrers/Ihrer Lehrerin.)

2 Wenn man in der Bundesrepublik mit Frauen verschiedener Nationalitäten

3 Wenn Sie Lust haben, diskutieren Sie in kleinen Gruppen, in welchen Schritten sich in Ihrem Land/Ihren Ländern eine Beziehung entwickelt und welche Bedeutung jeder dieser Schritte hat. Tragen Sie Ihre Ergebnisse dann den anderen vor.

4 Wie ist es in einem deutschsprachigen Land? Haben Sie da eigene Erfahrungen? Wenn nicht,

<table>
<tr><td>

spricht, hört man oft Äußerungen wie die folgende: „Wenn ich mit deutschen Männern spreche, habe ich nicht das Gefühl, als Frau behandelt zu werden" - (eine Französin). Entspricht das auch Ihren Erfahrungen? Welche Erlebnisse können zu diesem Eindruck geführt haben?

</td><td>

gibt es auch andere Infortmations-quellen, z. B.: Gespräche mit Ihren Lehrern und anderen Leuten aus den deutschsprachigen Ländern (auch brieflich), Literatur, Filme . . .

</td></tr>
</table>

(Hog u.a. 1984, 105)

[과제 50]

> "상호문화적 교수법과 방법론"을 "실용·기능 교수법과 벙법론"
> 과 비교하여 보시오.
> 어떤 것에 공통점이 있는가?
> 독자는 어떤 차이점을 확인할 수 있는가?

텍스트이해 : 상호문화적인 독일어 수업의 토대

오해를 피하기 위하여 강조해야 할 것은 목표어 국가와 동떨어진 나라에서 하는 독일어 수업을 "읽기과정(Lesekurs)"으로만 편성하는 것이 이 방안의 중점이 아니라는 것이다. 오히려 중요한 것은 텍스트에서 출발하여 텍스트에서 언어 의사표시와 관련된 다양한 과제를 전개해 나가는, 내용 지향적인 교수법 방안을 개발하는 일이다. 이때 물론 이용될 수 있는 것은 문법번역방법에 따른 텍스트에서 얻은 경험들이다. 그리고 표현능력의 개발에서 얻어진 요소도 - 이 요소가 구청각방법/시청각방법과 실용·기능방법에서 발전되었듯이 - 이 방안에 포함될 수 있다. 그러므로 목표집단 지향적인, 상호문화 교수법과 방법론은 요소, 이론과 원칙의 "이념적인 편견" 없이 포괄적인 개념에 접목될 수 있는 현존하는 모든 수업 방법을 이용한다. 다음에서는 수업에서 몇 가지 텍스트유형의 활용 가능성을 검토하여 보겠다.

수업 출발점으로서 텍스트

이와 관련해서 덧붙이고 싶은 것은 모든 원본 텍스트가 낯선 세계를 동일한 방식으로 표현하는 것은 아니며, 또한 모든 텍스트가 똑같이 외국어 수업에 좋은 것도 아니고, 모든 텍스트가 동일한 교육 목적을 충족시켜 주는 것은 아니라는 점이다. 따라서 어떤 텍스트가 원본 텍스트이기 때문에 외국어 수업에 "적합하다"거나 "가치가 있다"고 할 수는 없다. 특별히 교과서용으로 제작된 텍스트도 학습 전개과정을 구성할 때 아주 특수한 교수법 목적을 충족시켜 준다.

원본 텍스트들은 자국 문화와의 관계에서 아주 특정한 과업을 가진 것들이다. 이 과업을 그런 관계와 분리시켜 외국어로서 독일어 수업에 제시한다면, 그 기능과 효과는 심하게 변조될 수 있다.

[참조]

실용·기능방안을 논의할 때 우리는 "텍스트유형"도 살피면서 다음 두 가지 범주를 소개하였다.

(a) 일상생활을 보여주는 실용텍스트
(b) 정보성격을 가진 비문학 텍스트

관련 구절(원본의 99쪽 이하)을 다시 한 번 자세히 읽어보시오.

수업에서 텍스트의 배치

(a) 목표어 국가의 일상생활을 보여주는 실용텍스트18)

실용텍스트는 수업에서 일차적인 언어기능을 목적으로, 특히 학생들이

---

18) 6.3.2(e) 참조.

목표어 국가의 체류에 대비할 때에 이용될 수 있다. 이것은 목표어 국가에 관한 현실적인 정보를 담고 있으며 비교하도록 한다(예를 들면 광고/선전은 각 나라의 언어사용과 편집에 따라서 모습을 달리함). 이것은 사실 교실에서 "실제와 같은 분위기"를 조성하는 데 기여하며 현실에 가까운 언어사용에 대비하도록 한다.

이처럼 외국어 사용에 필요한 가상모델(imaginatives Modell)(Halliday 1973)은 특히 청소년 학생들에게 매력적이다. 이 모델이 그들의 창조적인 상상력을 자극하기 때문이다.

이와 관련된 예:

Hier ist ein Fahrplan mit den Zugverbindungen von Köln zu anderen deutschen Städten. Stell dir vor, du bist in Köln am Hauptbahnhof und willst nach . . . fahren. Du willst am Mittag fahren. Wann geht ein Zug? Wo mußt du umsteigen? usw.

여기에 쾰른에서 다른 독일 도시로 가는 기차 연결 편 시간표가 있다. 상상해 보라. 네가 쾰른의 중앙 역에 있으며, ...로 가고 싶어한다. 너는 정오에 출발하고 싶어한다. 언제 기차가 출발하는가? 너는 어디서 바꿔 타야 하는가? 등.

학생들은 이러한 "낯선 현실의 소품들"과 연출할 수도 있고 또 그렇게 해야 할 것이다. 이때 그들은 낯선 세계가 자신의 세계에서 얻은 경험안으로 끌어들여지는 일종의 내면 무대에서 어떤 역할을 맡는 것이다(이를테면 한 타일랜드 학생이 쾰른의 중앙 역을 방콕의 역처럼 상상한다면 이는 지장이 없다).

이것은 바로 상상력(과 낯선 세계와의 연극)을 자극하는 "현실성의 입김(Hauch)"이기 때문에, 이러한 텍스트유형을 원본 편집형태 그대로 수업에서 사용해야 할 것이다. 그리고 언어목록(내용)이 한도내에서, 언어는 단순화시킬 수 있다.

(b) 정보특성을 가진 비문학 텍스트

이런 종류의 텍스트는 학생들 자신의 인생경험에 근거하여 서술된 내용과 접목시킬 수 있고, "부분적으로 이해 못하는 긴장감"에서부터 텍스트를 세세하게 탐구할 수 있는 동기를 불러일으키도록 구성하면 수업에서 성공적으로 사용할 수 있을 것이다. 읽기에서 학생은 상황맥락뿐 아니라 사실, 즉 텍스트에 담긴 "지식가치(Wissenswerte)"도 파악하고 싶다면, 낯선 세계에 관한 정보를 더 많이 얻을 수 있음을 알게 될 것이다.

그런 텍스트유형들은 교수법을 위하여 단순한 언어로 바꿔쓸 수 있다. 그러나 이때 언어목록(das sprachliche Register), 곧 "주제(Tonlage)"가 파괴되거나 내용이 단순화되어서는 안 된다.

수업에서 이런 텍스트를 다룰 때 다음 두 사실이 의미가 있다.

- 개인적인 모델 : 이 정보는 나에게 무슨 의미가 있는가?
- 개발적인 모델 : 나의 세계와 비교해 볼 때 낯선 세계에서 다른 점은
  무엇인가? 그 다른 점은 어디에서 오는가?

(c) 허구 텍스트(Fiktionale Texte)

외국어 교수법에 "실용적 물결"이 일던 시대에는 문학 텍스트로 시작할 수 있었던 것은 많지 않았다. 문학 텍스트들은 너무 어렵고 또 거의 유용하지 못하다고 생각되었다.

그러나 상호문화 방법의 교육 목표를 고려해 보면, 허구 텍스트는 질적으로 아주 특별한 것이다. 즉, 허구 텍스트는 한 편으로 세계와의 관계가 "개방적", 즉 주관적으로 해석될 수 있으며, 다른 한 편으로 "자체 내의 구조화된 세계(Welt im Kopf)"를 불러일으킨다(Werlich 1986). 학습자는 이 허구 텍스트를 통하여 자기 세계의 요소, 단위, 구조들을 텍스트의 낯선 세계를 해석할 때 이끌어내는 자극을 받는다. 허구 텍스트는 "상상 속의 영화(Film im Kopf)"를 "극화"한다. 이렇게 극화될 때 자기 세계의 부품을 낯

선, "고안된" 현실에 투사된다. 외국어로 된 허구 텍스트는 독자/학습자에게는 자기 고유의 세계와 (낯선 문화로 새겨진) 텍스트 세계사이의 중간 세계를 창조한다. 외국어로 된 문학 텍스트는 수업에서 감동과 참여와 (인물, 상황, 생각과) 동일성을 제시해준다. 이것은 비문학 텍스트의 교수법의 질을 훨씬 능가하는 것이다.

외국어로 된 문학 텍스트는 비문학 텍스트와는 다른 교수법 목적에 쓰이기 때문에, 우리는 이것을 수업에서 달리 다루어야 한다. 특히 이런 텍스트를 단순하게 언어로 표현하여 내적 결속구조가 파괴되고 인물과 줄거리가 축소되어서는 안될 것이다. (이는 문학 텍스트를 단순화하고 축소시키고 갈고 다듬어서 사용하는 것을 강하게 반대하는 주장이다!). 언어적으로 단순한 허구 텍스트들도 있는데, 초급 독일어 수업에서 다룰 수 있는 청소년 문학 텍스트들이다. 서정시 분야도 초급수업에 적합하고(예, '구체시'의 텍스트), 상상력과 창조적 언어 표현력을 자극하는 단순한 형태들이 발견된다 (이에 대해서는 Kast 1985, Mummert 1989, *Fremdsprache Deutsch*, H.1/1989의 주제 특집 "쓰기(Schreiben)" 참조).

[참조] ⟶

이와 관련하여 다음 통신교육 교재에서 자세히 읽어보시오.

<1> Swantje Ehlers(1992). *Lesen als Verstehen. Zum Verstehen fremdsprachlicher literarischer Texte und zu ihrer Didaktik.* München: Langenscheidt.

<2> Monika Bischof/Viola Kessling/Rüdiger Krechel. *Landeskunde und Literaturdidaktik.*

<3> Bernd Kast/Swantje Ehlers. *Arbeit mit literarischen Texten.*

(d) 읽기목표

텍스트이해는 근본적으로 읽기를 목적으로 한다. 외국어 텍스트는 언어가 아주 숙달된 단계에서야 세부적인 것을 읽게 된다. 훨씬 더 흔한 것은 - 이미 앞에서 언급하였듯이 - 전체적(개괄적) 읽기(globales Lesen, grundlegende Orientierung)나 (극히 특정한 내용부분을 탐구하기 위한) 선택적 읽기(selektives Lesen)이다. 이런 면에서 외국어 텍스트를 수업에서 다룰때(전체적, 선별적 읽기), 학생들이 모든 것을 다 이해하는 일은 중요하지 않다. 교수법에 중요한 것은 텍스트에 사용된 언어의 난이도가 아니라 텍스트 작업에서 해결되어야 할 목표와 과제설정이다(전체 이해, 선별 이해, 세부 이해).19)

7.3.4. 주제의 전개

분명한 것은 주제의 중요한 것부터 모든 것을 단번에 제공할 수 있는 것은 아니며, 포괄적인 주제들이 학습과정이 진행되면서 단계적으로 전개된다는 점이다. 기초적인 주제영역과 경험영역에 따른 교과과정 기획의 장점은 바로 순환적인 전개가 가능하다는 것이다. 수업이 진행되는 동안에는 기본적인 주제가 되풀이되는데, 이때 - 학생의 학습성장과 점진적인 인생경험에 상응하여 - 언제나 주제의 새로운 면이 "놀이에" 끌어들여 질 수 있다. 그 결과로 특히 어휘 전개도 단계적이 된다. 즉, 주제를 지향하는 교과과정에서는 체계적인 어휘 작업이 특별한 의미가 있다.

텍스트유형의 전개가 단계적으로 이루어진다. 다음 예가 이를 명확히 해 준다:

---

19) 이와 관련하여 이 책의 독본편 224쪽 이하의 *Checkliste: Entwicklung von Verstehensstrategie am Text* 참조.

[전체 주제 "학교/학습"의 예]

주제	단계 1	단계 2	단계 3
↓	- 학과목 - 교복 - 교사 등	- 학칙 - 교사들/동료 학생들 간의 관계(갈등, 우정, 연애(Flirt) 등) - 다양한 교육단계에서의 학과목 - 학교형태	- 교환계획 - 학교의 역사적 국면 - 교육경력과 직업관 - 졸업/직업선택 - 졸업 후 독일어 지식의 사용(사적, 직업적 영역)
텍스트 유형	- 시간표 - 서술 - 증명서	- 학칙 - 공고 - 인터뷰 - 이야기 - 시	- 프로그램 - 편지 - 통계학 - 지원서 작성 - 이력서 - 구직광고 - 문학 텍스트

학습소재의 전개를 이런 식으로 기획할 경우에 낯선 세계가 점점 중요한 역할을 하게 된다. 그러나 동시에 언어적인 요구가 많아지는데, 이해영역 (텍스트유형의 언어적 난이도가 증가함)뿐 아니라 전달영역(좋아하는 과목 비교하는 것부터 지원서 쓰기까지)에서도 그렇다.

7.4. 요약: 의사소통 교수법 – 실용·기능 방안과 상호문화 방안

70년대 전반기 이후 의사소통 교수법의 개발에서는 두 가지 기본방향, 곧 실용·기능면과 교육적인 면을 더욱 지향한 것을 확인할 수 있다.

[첫 번째 단계]

실용·기능 방안

80년대 전반에 첫 번째 단계에서는 "의사소통방안"이 형성되고 유럽의회의 도움으로 장려되었으며 유럽 여러 나라에서 통일성이 없이 진행되었다. 영국에서는 언어기능 시도가 처음부터 지배적이었던 반면에, 서독에서는 의사소통 교수법이 – 전체 교육제도의 개혁에 관한 토론에서 – 포괄적인 교육 문제에 초점을 두었다('자립' 교수법*).

돌이켜 보면 우리는 외국어 수업 기초영역에서 직업이나 사적인 목적을 위해 외국어를 되도록 빠르고 효과적으로 (구두로) 배우고자 유럽과 산업국가 전체에서 실용·기능 방안이 실행되었다는 점을 확인할 수 있다. 이 방안은 성인을 대상으로 하는 폭넓은 영역의 외국어 수업에 적합하다. 이것은 외국어 지식이 일상소통에 쓰일 수 있는 곳이면 어디에서나 적합하며(학습장소와 목표어 국가와 근접해 있거나 자국에서 외국어로 친교를 할 수 있는 경우) 또한 배운 외국어가 국제 공통어의 기능을 하는 곳이면 어디에서나 적합하다(이 책의 167쪽 참조). 이와 관련된 예로는 영어의 전 세계적인 확산과, "외국 노동자(Gastarbeiter)"의 출신국(지중해)에서 관광영역에 사용되는 독일어가 있다. 이는 또한 실제 언어사용의 학습목표로서 "이해력"이 "정확성"보다 더 중요한 곳이면 어디에서나 적용된다.

[언어학적 토대]

언어기능 방안을 고안하는 데 큰 몫을 차지한 것은 '실용언어학'*인데, 이것은 언어를 인간 행위의 도구로 파악함으로써 언어행위(화행, 발화의도 등)를 연구대상으로 한다. 그러니까 언어는 더 이상 형태적인 구조(4장의 구조주의/구청각교수법 참조)로 기술되는 것이 아니라 인간의 의사소통을 위한 '기능'으로 기술된다.

[학습이론적 토대]

구청각방법에 대한 비판은 특히 행동주의 학습방법에 있었다. 외국어 학습은 이제 '정신 활동'으로서, 즉 언어적 '행위놀이'에서의 인지적, 창조적

행위로 이해된다.

이 영역에 결정적인 영향을 미친 것은 '발화행위이론(Sprechtätigkeits-theorie)'(Galperin 1974, Leont'ev 1974)과 일반 교수법의 인지이론 방법(Ausubel 1974)이다.

[문학이론과 텍스트이론]

언어기능 방법의 특징은 한 편으로 외국어로 대화하는 능력의 훈련 - 구청각방법의 구두성과 상황성의 우위성 원칙 - 이고, 다른 한 편으로 원본 비문학 텍스트가 집중적으로 수업에 포함된다는 점이다. 이에 따라서 새로운 읽기 교수법의 교육(문법번역방법과 구청각방법에서 세부적 읽기를 지향한 방안과 대조적으로 전체적 읽기와 선별적 읽기 교육)이 생긴다. 학교에서의 외국어 학습교육에 관한 토론에서 문학 텍스트의 교수법적인 가치를 "재발견"하기에 이른다(여기서 "문학" 텍스트의 개념정의는 '고급' 문학만이 아니라 학생들 주변의 주제를 다루는 어린이 문학과 청소년 문학을 두루 포괄하고 있음).

[지역사정]

지역사정은 일상소통에 중요한 주제영역을 통합하는 것을 중시한다. 그러므로 이것은 구청각방법의 교수법을 계승한 것이다.

[실용 · 기능 외국어 교수법의 강점과 원칙]

실용언어학과의 연관성이 외국어 수업에 나타난 결과는 이를테면 문법전개가 더 이상 언어구조의 형태적인 분야(단순한 것에서 어려운 것으로의 전개)을 지향하지 않고 '언어사용' 분야(예, 발화의도의 언어화)을 포함한다는 점이다.

실용적인 목표설정에 따라서 다른 연습형태와 연습연속 형태들도 생겼다. 연습 연속체들은 - 의사소통행위의 단계에 맞게 - 이해능력(텍스트 작업)에서 시작하는데, 자유로운 의사표현을 목표로 한다. 이때 연습문제들은 학습행동의 통제를 점진적으로 최소화하면서 진행된다. 인지적 학습이론 개념을 통합함으로써 구청각방법과는 다른 형태의 언어가 수용되고 이용된다. 즉, 학습자는 '의식적으로' 외국어의 '형태'(즉, 문법)와 '사용'의 문제에 직면하게 된다. 목표문화의 외국어와 그 실체에 관한 대화는 수업에서 외국어를 실험하고 시험하는 것과 마찬가지로 중요하다(수업에서 의사소통의 가상연습). 이때 교사의 역할이 바뀐다. 즉, 교사는 외국어 문법과 문화의 전지전능한 중개자로 간주되지 않고 열린 학습과정의 "조력자"로 간주된다. 그리고 수업의 '사회적 형태들'도 바뀐다. 즉, 교사와 교과서 중심의 정면수업 외에 파트너 활동과 집단 활동이 수업현장에서 중요한 의미를 얻게된다(공통적인 텍스트 이해연습, 의사소통상황을 공동으로 연습).

[두 번째 단계]

상호문화방안

[학습관점]

외국어 교수법의 상호문화방안은 실용·기능방안보다 교육적인 면이 한층 더 강하며, 학습자 관점을 보다 더 자세히 분석한 것에 기인한다. 여기서 조사되는 것은 다음과 같은 요인들이다: 문화와 개인에 따라 새겨진 인생경험과 학습이력, 세상지식, 학습전통, 학습습관, 출발문화와 목표문화의 관계(문화접촉: 사회적, 문화적, 언어적 관점의 비교), 개인적 동기와 학습성취도와 제도적 조건(언어순서, 사용되는 수업시간, 학교 학습영역에 외국어 수업 배당, 교과목(Fächerkanon)에서 외국어 과목의 위상(교과서, 기계적 매체, 교사교육 등), 비교사회학, 문화인류학과 기억연구(심리언어학의 일부)의 연구성과는 독일어 학습을 지역적으로 특성화하는 방법에 적용된다(Götze 1981, Gerighausen/Seel 1983).

[낯선 세계]

상호문화 방안은 목표국가와 비교할 때 지리적, 문화적으로 현저하게 거리감이 있고 사회상황이 다른 곳에서, 외국어로서의 독일어의 경우 유럽 외의 국가들, 이를테면 아시아 국가들에서 가장 확실하게 개발될 수 있다. 그렇지만 이 방안은 거기에서만 의미가 있는 것은 아니다.

[이해과정]

낯선 세계는 외국어 수업에서 직접적으로 제시되는 것이 아니라 매체(읽기 텍스트, 듣기 텍스트, 읽기 및 듣기 텍스트[예, 텔레비전, 비디오])를 거쳐서 제시되고 극히 드물기는 하지만 일상소통에서 외국어를 직접 능동적으로 사용하는 것이 가능하다. '이해과정'은 외국어 학습의 토대로서 특히 중요하게 된다. 이에 따라 외국어 수업의 내용과 주제가 특히 신중하게 고려되어야 하며, 이해, 즉 매체 지향적인 외국어 교수법이 개발되어야 한다는 결론이 나온다. 이때 수용연구 분야(예, 외국문화관점에서 문학 텍스트 이해하기)와 텍스트언어학(텍스트구조, 텍스트범위)이 특히 주목을 끈다.

외국어 수업의 상호문화 교수법과 방법론은 오늘날 – 90년대 초 – 대충 서술되고 개별 분야만 접근될 수 있는 실정이다.

새로운 "방법"에 관하여 우리가 논의 할 수 있는 경우는 다음과 같은 독자적인 분야가 개발되었을 때 비로소 가능하다.

- 교수목표
- 주제와 내용
- 교수방식과 수업매체
- 학습통제

[결과]

오늘날 수업 방법론에 대한 몇 가지 결과를 제시하면 다음과 같다.

<1> 언어, 지역사정 현상을 다룰 때 응용하는 방법은 '비교하는 것'이다. 자국의 언어, 사회, 문화는 언제나 의식적으로 접근되는 외국어 학습의 토대를 이룬다.

[예]

E1 Andere Länder – andere Gesten

1. Der Fingerkuß

2. Die lange Nase

3. Das Vogelzeigen

4. Das Kreiszeichen

5. Der gestreckte Daumen

6. Die Hand vor der stirn

a) Was bedeuten diese Gesten?
Was vermuten Sie?

Beispiele:
Ich stelle mir vor, daß Geste 1
... bedeutet.

Ich dende mir, daß Geste 1 für
... steht.

Ich habe mir überlegt, daß Geste 1
als ... gilt.

Nein, das glaube ich nicht.
Geste 1 bedeutet wohl eher ...

Nein, auch nicht. Das ist weder
eine Geste für ... noch für ... das
ist eine Geste für ...

b) Haben diese Gesten in Ihrem
Land eine andere Bedeutung?

Beispiel:
Der Fingerkuß bedeutet bei uns
„Das Mädchen gefällt mir."

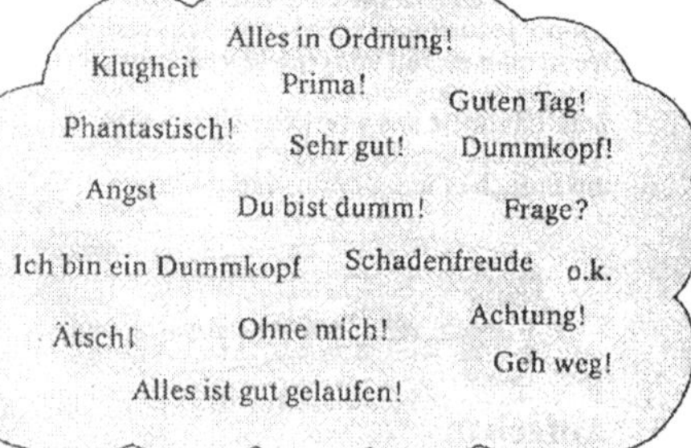

Auflösung für Deutschland:

1. phantastisch
2. Ätsch! Schadenfreude
3. Du bist dumm!
4. prima
5. Alles ist gut gelaufen, alles in Ordnung
6. Ich bin ein Dummkopf.

E2 Gesten für Gäste

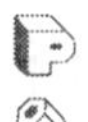

Machen Sie bitte eine Liste mit Gesten für Deutsche, die
in Ihr Land kommen! Zeichnen oder fotografieren Sie die
wichtigsten Gesten, und geben Sie die Bedeutung an!

(Mebus u.a. 1989, 36)

<2> 학습과정에 대한 논의는 수업의 기본 구성요소(이를테면 이해하는 기술을 넓힐 때, 외국어를 시험삼아 해 볼 때, 학습기술을 개발할 때)이다. 인지적 학습방식은 학습대상과 학습결과의 분석뿐 아니라 수업에서 언어의 수용, 이해, 응용 단계의 학습방식과 관련이 있다.

이 개념을 실현하기 위한 첫번째 접근방법은 지난 몇 년 동안에 발간된 일련의 교재들, 특히 Hog/Mueller/Wessling(1984)의 『Sichtwechsel』 과 Mebus u.a.(1989f.)의 『Sprachbrücke』 에서 찾을 수 있다.

[예]

H1 Hund ist nicht Hund

Deutsch *Hund*, englisch *dog*, koreanisch *kae*: Begriffe, die etwas Konkretes bezeichnen, sind scheinbar problemlos mit einem Wort zu übersetzen. Sprachen und Kulturen müssen nicht immer die gleichen sein wie im Deutschen. So ist für Deutsche der Hund ein treuer Gefährte des Menschen, für Koreaner ein Tier, das nicht ins Haus darf. Trotz der unterschiedlichen Assoziationen ist die Übersetzung von ‚Hund' jedoch nicht besonders schwierig, wenn man sie mit anderen Übersetzungsproblemen vergleicht.

Sehr häufig ist das wörtliche Übersetzen unmöglich. Besonders dann, wenn es sich um Sprachen aus einer anderen Sprachfamilie oder aus einem anderen Kulturkreis handelt.

Eine direkte Übersetzung kann zu Mißverständnissen führen, wenn es um komplizierte Begriffe wie zum Beispiel *glauben* geht. So muß man *glauben* in der Vorstellung einer afrikanischen Sprachgruppe mit *das Wort nehmen und es aufessen* wiedergeben. Auch wird die Liebe den verschiedensten Körperteilen zugeordnet. In der Tzeltal-Sprache Südmexikos befindet sich die Liebe in Gottes Herzen, bei den Conobs in Guatemala sitzt die Liebe im Bauch, bei den Kabba-Lakas in Zentralafrika liebt man mit der Leber, und die Bewohner der Marchall-Inseln sprechen von einer *Gefühlsbewegung des Halses*.

H2 **Aufgaben**

1. Warum ist die Übersetzung von Hund relativ einfach?

2. Was assoziieren Sie mit Hund in Ihrer Muttersprache, in Ihrer Kultur?

3. Welches Problem wird im Text bei der Übersetzung von *glauben* beschrieben?

4. Wie heißt *glauben* in Ihrer Sprache und in den Sprachen, die Sie kennen?

5. In den verschiedenen Sprachen wird die Liebe unterschiedlichen Teilen des Körpers zugeordnet. Wie interpretieren Sie das?

6. Wo sitzt die Liebe in Ihrer Sprache?

(Mebus u.a. 1989, 80)

[지역권 교재들]

지속적으로 영향을 주고 있는 것은 지역권 교재의 개발로 인한 "상호문화방안"이다. 이 교재들은 독일어권에서 나온 교재들과는 전혀 다른 방식으로 외국어 수업의 문화와 지역 특유의 여건을 제시한다.

뮌헨 괴테 인스티투트의 정보에 따르면, 1991년에 지역 특유의 교수자료 개발 계획안이 25 가지 이상이나 나왔다. 외국어 수업의 새로운 교수방법 개발은 "서랍원칙(Schubladenprinzip)"에 따라 시간적으로 명확하게 구분될 수 있는 시기에 완성되는 것이 아니다. 실제 외국어 수업에서는 오히려 (특정 학습집단을 위한) 다양한 교수방식이 공존하고 교실에서 각 방법의 원칙이 다양하게 혼합된다는 것이 특징이다. 그러나 우리가 확인할 수 있는 것은 얼마나 '좋은' 수업이 이루어졌느냐는 질문에 대해서 특정한 시기에 극히 특정한 주요 사상이 지배하였다는 점이다. 다음의 도식은 이러한 기간을 대략 시기적으로 정리하고, 20세기의 교수방법의 역사적인 변천을 보이고자 한다.

교수방법들의 발전 개관

[역사적 발전순서]

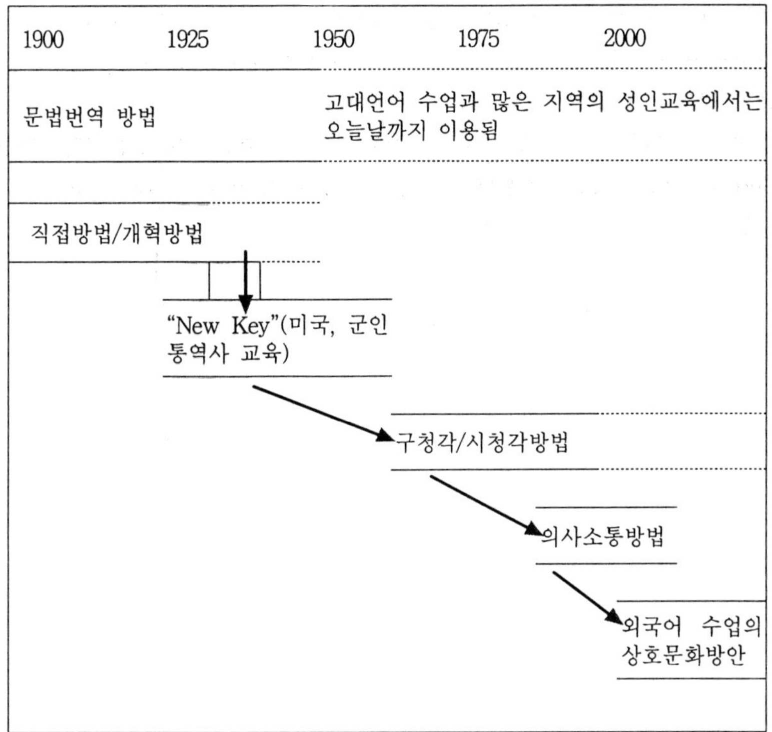

[과제 51]

독자의 나라에서는 독일어 수업이 앞으로 어떻게 발전할 것이라고 생각하는가?

이제 여기에서 명확히 지적해야 할 것은 80년대 외국어 방법론의 발달을 논의하면서 이른바 "대안적 방법들", 이를테면 "합동 언어학습(Community Language Learning)", "인본주의 접근법(Humanistic Approach)", "침묵 방법(Silent Way)", "암시법(Suggestopädie)"과 "신체반응법(Total physical response)"은 다루지 않았다는 점이다. 이들에 대한 논의는 이미 입문서의 틀을 벗어나는 일이다.

이러한 "대안적 방법들"에 관심이 있는 사람은 Bleyhl(1982), Bolte/Herrlitz(1983), Mueller(1989), Schwerdtfeger(1983)의 저서에서 비교적 정확한 정보를 발견하게 될 것이다.

8. 마무리

외국어 교수방법의 개발은 수업에서 과목 특유의 포괄적인 조건에 좌우된다. 이 조건은 "과목 교과과정(Fachcurriculum)"에서 과목 수업을 기획, 구상할 때 학습목표, 수업방식(방법론과 매체) 그리고 학습통제의 내적 결속구조를 이룬다.

[도식]

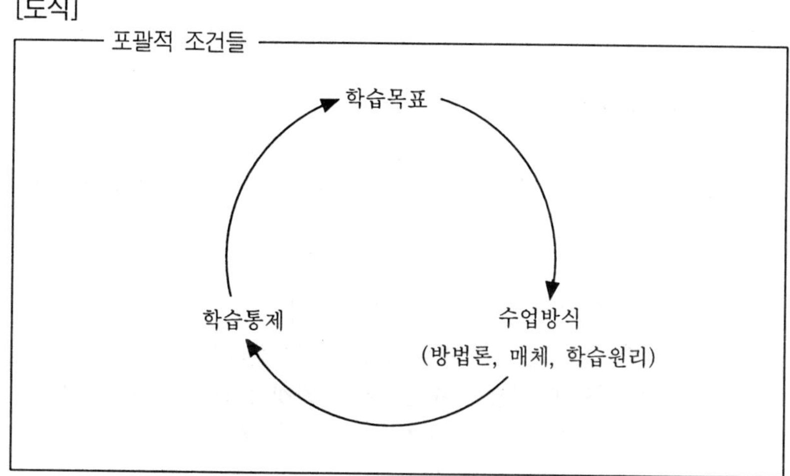

우리는 외국어로서 독일어 수업의 다양한 개념을 논의할 때 학습목표와 수업방식의 긴밀한 관계를 반복해서 지적하였다. 물론 학습통제와 수업방식 사이에도 이런 관계가 성립한다:

교수받은 내용(was)을 테스트한다.
교수되는 방법(wie)도 마찬가지로 테스트한다.

　바꾸어 말하면, 다양한 방법의 교수방식/교수원칙/연습형태는 테스트형태와 시험방식으로서도 재발견된다.

　중요한 것은 고유의 목표집단을 위하여 '외국어로서 독일어 수업을 위한 독자적인 개념을 구상'하려면 "교과과정"의 이러한 내적 결속관계에 주목하는 일이다.

　따라서 결국 이 연구에서 중요한 것은 독자가 교사로서 - 독자가 어떤 목표집단에서 일하든 상관없음 - 주어진 수업개념(교재들)을 독자의 수업에서 사용 가능성을 평가하는 것을 배우고, 독자적으로 수업을 기획하고 구성하는 것을 배우는 일이다.

[과제 52]

마무리 과제:

이제 독자 자신의 학습집단을 대상으로 하는 독일어 수업 계획안을 구상하게 된다.

단계 1: 제도적, 주관적 조건에 대한 조사
- 어떤 제도적 조건이 독자의 수업에 적합한가?
　독자의 집단에 적합한 수업조건을 작성하시오(시간표의 여건, 외부 조건, 학급규모, 기후조건, 매체 설비정도 등).

타일랜드 고등학교 독일어 수업의 조건에 관한 내용은 독자에게 모델로서 도움이 될 수 있다. 다시 한 번 이 책의 164쪽 이하를 읽어보시오.
- 어떤 종류의 문화적 특수성이 제시될 수 있는가?(학습전통, 주제 영역에서의 금기사항, 독자가 교사로서 유의해야 할 교수전통 등).

- 독자의 구체적인 학습집단은 어떤 특징이 있는가?(나이, 학급구성, 학습에서 인식될 수 있는 특별한 교육학적 문제와 가능성, 인생경험, 독일어권 국가와 관련된 선지식, 독일어 수업에서 참고할 수 있는 외국어 지식(예, 영어), 동기상태, 관심도 등).
- 독자는 독일어 교사로서 강점/약점이 어디에 있는가?

단계 2: 학습목표 : 독자의 과정 참가자들은 무엇을 배워야 하는가?
- 교안(교수 계획표)에 이에 대한 지시사항이 있는가?
- 독자의 학급에 중요한 목표설정이 실용적인가 아니면 오히려 교육적인가?
- 독자의 학생들은 독일어 지식을 곧장 (여가나 직업에서) 이용할 수 있는가?

단계 3:
다시 한 번 이 책의 해당단원에서 다음의 수업원칙을 수집하시오.
- 문법번역방법
- 직접방법/구청각방법 또는 시청각방법
- 의사소통방안과 상호문화방안

독자가 수집한 원칙 가운데 어떤 원칙이 독자 학습상황과 잘 조합될 수 있다고 생각하는가?

단계 4: 독자의 교과서
- 독자가 위의 단계 3에서 결정한 "이상적인 교수방법"에 고안된 교과서에서 바꾸고, 확장하고, 대체해야 할 것은 무엇이라고 생각하는가?

9. 독본편

9.1. 직접방법

직접방법의 중도적인 방안에 관한 규정을 요약한 것이 1980년 (프랑스어로) 제시된 국제음성협회(International Phonetic Association)의 6조항에 실려 있다:

1조: 외국어수업은 일상생활의 구어로 시작해야지, 문학작품의 옛날 언어로 시작해서는 안 된다.

2조: 교사의 첫째 목표는 전적으로 학생에게 외국어의 음 체계를 익숙하게 하는 것이다. 이를 위해서 음성언어를 사용해야 하며, 이는 수업 초기단계에서 철자법을 사용하지 않고 이루어져야 한다.

3조: 교사의 두 번째 목표는 학생에게 유창한 문장과 관용어를 제공하는 것이다. 이를 위하여 학생은 연관성 있는 텍스트 - 대화, 서술문, 이야기 - 를 다루어야 하며, 이들은 가능한 한 단순하고, 자연스럽고 재미있어야 한다.

4조: 외국어수업의 초기단계에서 문법은 귀납적으로 가르쳐야 한다. 텍스트를 다루는 동안에 이미 알게 된 언어의 특성이 집약되고 일반화된다. 수업의 후기 단계에 문법이 체계적으로 다루어져야 한다.

5조: 교사는 외국어 표현을 가능한 한 그 언어의 생각과 다른 표현과 연결시켜야 한다. - 모국어로 연결시키는 것이 아니다. 교사는 기회가 있을 때마다 번역을 실제 대상, 그림이나 외국어 설명으로 대치한다.

6조: 후기 단계에서 쓰기 과제가 도입될 때에, 쓰기 과제는 다음 순서로 배열되어야 한다:
1. 아주 잘 아는 읽기 텍스트를 재현,
2. 교사가 구어로 제공하는 이야기의 재현,
3. 자유작문.

외국어에서 번역, 그리고 외국어로 번역하는 것은 수업의 고급단계에서만 의미있는 것으로 간주된다.

이 여섯 조항은 외국어 수업의 개혁: 직접방법의 기본 생각을 다시 한 번 제시하였다. 이 조항은 이어서 설명되는 직접방법의 몇 가지 지침을 이미 제시하였다.

9.2. 직접방법

A Schlimbach(1964) *Kinder lernen Deutsch. Die Familie Schiller*에서 발췌한 과제 16:

65쪽에 있는 과제 12에 따라 가장자리에 메모를 하시오.

(Schlimbach 1964, 183ff.)

Auf dem Berghof

I. Dialog:

Die Kinder:　　Vater, Mutter, wir haben keine Schule. Wir haben
Ferien.

Vater und Mutter:	Wir fahren auf das Land zum Berghof. Unsere Sommerhütte ist in Tirol. Wir fahren zu den Bauern.
Die Kinder:	Juhe, juhe, wir fahren auf das Land. Wir fahren zum Berghof. Wann fahren wir?
Vater:	Wir fahren morgen früh mit dem Auto. Ich helfe auch den Bauern auf dem Feld. Ich bin jetzt groß.
Hans:	Ich suche morgen die Eier im Stall: die Hühnereier, die Enteneier und die Gänseeier.
Heidi:	Ich füttere die Hühner, die Gänse und die Enten.
Susi:	Ich reite auf dem Pferd.
Peter:	Und ich? Ich koche wie immer für Vati und für euch, Kinder.
Mutter:	Arme Mutti! Aber wir trinken morgen frische
Die Kinder:	Milch. Wir essen frische Eier. Wir essen auch frischen Honig, nicht wahr, Mutti? Juchhe, juchhe!

II. Fragen und Antworten

1. **Wo sind wir jetzt?** Wir sind jetzt auf dem Land.
2. **Was ist das?** Das ist ein Bauernhof. Das ist ein schöner Bauernhof. Er heißt der Berghof. Er ist auf einem Berg. Der Berghof ist in Tirol. In Tirol sind viele Berge. Die Berge heißen die Alpen.
3. **Was ist das?** *Das ist ein Pferd. Einige Pferde sind im Stall. Das ist eine Kuh. Das ist ein Ochs. Viele Kühe und Ochsen sind auf der Wiese. Das ist ein Schwein. Viele Schweine sind im Schweinestall. Das ist ein Huhn. Viele Hühner sind im Hühnerstall oder auf der Wiese.* Das ist eine Gans. Viele Gänse gehen spazieren. Das ist eine Ente. Viele Enten schwimmen im Teich. Das ist eine Taube. Viele Tauben sitzen auf dem Dach. Das ist eine Biene. Viele Bienen sind im Bienenhaus.
4. **Was tun die Tiere?** Die zwei Pferde ziehen den Heuwender. Die Kuh und der Ochs fressen Gras. Das Schwein grunzt: oi, oi. Das Huhn gackert: gack gack ga. Der Hahn kräht: Kikeriki. Die Tauben gurren: gure gurre. Die Bienen summen: mmm.
5. **Wo ist die Familie Schiller?** Frau Schiller ist in der Sommerhütte. Die Sommerhütte ist aus Holz. es ist eine

Holzhütte. Frau Schiller winkt. Die Zwillinge kommen den Berg herunter. Herr Schiller arbeitet. Er sitzt auf dem Heuwender und wendet das Heu. Heidi sitzt am Weg und schaut zu. Hans rennt mit einem Bauernjungen.

6. **Beschreibt den Bauernhof!** Der Bauer und seine Familie wohnen im Bauernhof. Sie wohnen vorne bei der Veranda. Hinten sind die Stallungen für die Pferde, die Ochsen und Kühe, die Schweine und das Geflügel. Unter dem Dach ist eine Glocke. Neben dem Bauernhaus ist eine kleine Kapelle.

7. **Wo ist die Bauernfamilie?** Der Vater und der kleine Junge sitzen auf dem Traktor. Der Traktor zieht den schweren Heuwagen. (Die Pferde ziehen die leichte Maschine). Die Mutter hat einen Rechen. Sie harkt das Heu. Die Tante und das kleine Mädchen gehen in das Dorf. Die Tante hat eine Tiroler Tracht an. Sie spricht mit ihrer Nichte. Die Nichte heißt Maria. Wie heißen die anderen Kinder? Die Jungen heißen Toni und Sepp. Das kleine Mädchen heißt Agnes. Und wie heißt der Hund? Er heißt Wolf. Er ist ein Schäferhund. Er bewacht die Familie Berghöfer.

Der Lehrer diktiert die Fragen und Antworten. Die Schüler schreiben das Diktat ohne Fehler(n oder m!). Die Schüler lernen das Vokabular.

Phonetik: au – äu – eu

au – äu:	*der Blumenstrauß – die Blumensträuße; der Baum – die Bäume; die Maus – die Mäuse; das Haus – die Häuser. Wie heißt die Regel?*
eu:	*die Scheune (links von der Sommerhütte), die Leute, das Spielzeug, heute, neu, neun.*
ei – äu – eu:	*Weißbrot, Mäuse, Meise, heimlich, heute, nein, neun, Leute, Leiter, Häuser, heißen, scheinen, Scheunen, Sträuße, fleißig, einzig, Bäume, Beine*

Rechtschreiben(Orthographie):
Was fehlt hier? Schreibt alles richtig! (l, n, r, w)
Sch.ee, Sch.arzbrot, Sch.eider, Sch.abenland, K.eid, K.eisel, K.avier,
K.abe, K.asse, k.ein, k.ank, k.ingt.
T.ommel, T.acht, t.ägt, t.ocknet, ab, t.illern, t.ara, t.inkt, t.ennbar,
t.app.

III. Grammatik:

1. n-Kasus: Akkusativ, maskulin:
   1. der Honig – Die fleißigen Bienen suchen d__ süß__ Honig.
   2. der Hof – Der Schäferhund bewacht d__ groß__ Bauerhof.
   3. der Heuwender – Die starken Pferde ziehen d__ Heu-
   wender. 4. der Berg – Die Zwillinge kommen d__ steil__ Berg
   herunter. 5. der Koffer – Die Familie Schiller holt d__ groß__
   Koffer.

2. Erklärt die dick gedruckten Endungen! (in 1.)

3. n-Kasus: Dativ Plural:
   1. Die Schillerkinder spielen mit d__ groß__ und Klein__
   Landkindern. 2. Wir sind bei d__ fleißig__ Bauern. 3. Wo ist
   der Heuwender mit d__ beid__ Pferd__. 4. Der Berg
   hof-bauer und seine Frau gehen mit ihr__ Kind__ in das Dorf.
   5. Wir sehen die Wiese mit viel__ Kühen und Ochs__. 6. Hier
   ist das Bienenhaus mit d__ fleißiig__ Biene__.

> **Merk euch!**
> „helfen" nimmt immer den **Dativ**
> z.B. ich helfe **dir**
>   ich helfe **dem** Vater
>   ich helfe **dem** Kind
>   ich helfe **der** Mutter
> Plural:
>   ich helfe **den** Kindern

4. Übung: Ergänzt und schreibt!: 1. Hans hilft d___ Bauern. 2. Der
   Bauer hilft d___ Mutter. 3. Die großen Stadtkinder helfen d___
   klein___ Bauernkinder___. 4. Der kleine Sepp hilft auch d___
   Vater. 5. Wer hilft dir? Ich helfe d___ und du hilfst mir. 6. Die
   Tante hilft d___ Familie(!).

Merkt euch!
Ich **habe** heute ein schönes Kleid **an**
Wir **gehen** heute im Wald **spazieren**

Reime und Lieder

Die Kinder und die Haustiere

Nun kommt ihr Tiere mal heran
und sagt: Was habt ihr Gutes uns getan?
Der **Hund** spricht: Ich bewache dein Haus.
Die **Katze** schreit: Ich fange die Maus.
Das **Pferd** wiehert: Ich ziehe den Wagen dir.
Die **Kuh** brummt: Milch und Butter kommt von mir.
Das **Schwein** grunzt: Ich gebe dir Fleisch und Speck.
Das **Schäfchen** blökt: Ich schaffe dir Wolle gern.
Das **Gänschen** schnattert: Ich stopfe dein Bettchen weich.
Die **Henne** gackert: Ich lege dir Ei um Ei.
Das **Bienchen** summt: Süßen Honig trag ich herbei.
So, Kinder, seid ihr unsere Herrn:
drum habt uns lieb, wir geben gern!

Unsere Tauben

Alle unsere Tauben
sind schon lange wach,
sitzen auf den Lauben,
wer gibt den Tauben was?

Das Schwalbennest

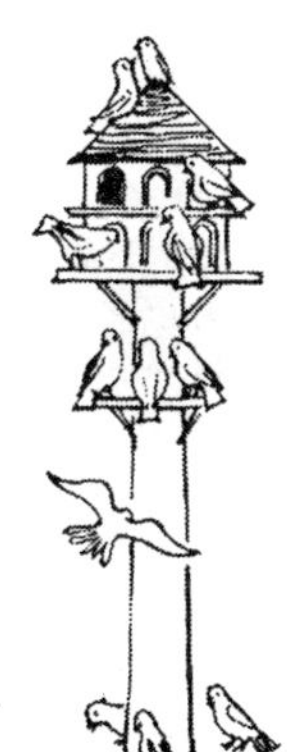

Die Schwalben haben ihr kleines Nest
gebaut am Hause, da hängt es fest.

O seht hinauf nach dem Neste hin,
fünf junge Schwälbchen sitzen darin!

Die Schwalbenmutter fliegt hin und her,
fünf Kindlein zu füttern, das ist schwer.

Die Familie Schiller wandert

Siehst du den Kirchturm hinter dem Bauernhof in den Bergen? Die

Rucksack auf dem Rücken. Die Mutter und Susi haben einen Stock.
Die Bauernmkinder zeigen den Weg. Susi hat einen Blumenstrauß.
Sie ist bald müde. Aber alle singen ein Wanderlied.

2. Vom Wasser haben wir's gelernt, vom Wasser haben wir's
gelernt, vom Wasser: das hat nicht Ruh bei Tag und Nacht, ist
stets auf Wanderschaft bedacht, ist stets auf Wanderschaft
bedacht, das Wasser!

3. O Wandern, Wandern meine Lust, o Wandern, Wandern meine
Lust, o Wandern! Herr Meister und Frau Meisterin, laßt mich in

Hans sieht einen Raben und erzählt **eine**
Geschichte vom Raben und vom Fuchs.
Die Raben sind schwarze Vögel: sie stehlen
oft: sie singen nicht, sondern rufen rab-rab.
Eine Bauersfrau stellt Käse an das Fenster. Der Rabe holt ein
Stück Käse davon. Aber der Fuchs sieht es. Er möchte den Käse
haben. „Ach" sagt er, „lieber Rabe, du bist ein so schöner Vogel".
Der Rabe hört es und setzt sich auf einen Baum. Der Fuchs sagt
weiter: „Lieber Rabe, du kannst so schön singen. Sing mir ein
kleines Liedchen vor!" Der Rabe will nun singen. Er öffnet
seinen Schnabel und das Stück Käse fällt herunter. Der Fuchs
holt es und läuft schnell weg.

Erzählt die Geschichte noch einmal und gebraucht die
folgenden Verben in Imperfekt!
stellte - „Eine Bauersfrau stellte gestern . . ." -
holte - (sieht) sah - sagte - hörte - setzte sich -
sagte - (will) wollte - öffnete - (fällt) fiel herunter
- holte (läuft) lief.

Was heißt Imperfekt?

9.3. 구청각방법

R. Lado(1964)의 저서 *Language Teaching*에 따른 구청각방법의 원칙

이미 언급되었듯이 라도는 구청각방법의 대표자 중의 한 사람이다; 다음의 구청각방법의 특징적인 원칙은 그에 기인하는 것이다(Lado 1964, 76f.).

첫째 원칙: 먼저 말한다, 그리고 나서 쓴다.

처음에 듣고 말하는 것을 가르친다. 그리고 나서 읽고 쓴다. 이 원칙은 모든 구청각 제공방식의 기본이다.

라도는 이 과정을 어학적이고 심리학적인 조사에 근거하여 다음의 이유를 들고 있다.

언어는 말할 때에 언어의 가장 완벽한 표현을 제시한다고 어학적으로 증명되었다. 문자로는 억양, 리듬, 강세 또는 완곡법이 재현되지 않는다.

심리실험 조사에 의하면 듣는 학습에서 시각학습으로의 과정이 이와 반대로 하는 과정보다 쉽다는 것이 증명되었다.

두번째 원칙: 기본이 되는 문장구조

모든 학생은 통용어의 기본이 되는 문장구조단위를 가능한 한 자세히 외워야 한다.

라도에 따르면, 이 기본구조단위가 외국어대화를 이해하고, 학생이 외워서 다음 학습단계를 위한 표본과 기본으로 사용될 수 있다. 이에 대화구조가 적당하며 이는 단어가 문장구조 내에서 그리고 문맥으로 나타나기 때문이다.

세번째 원칙: 습관을 통한 언어모형

언어모형은 이른바 문형연습을 통해 습관이 되어 강화된다.

라도는 모든 언어는 언어모형(소위 문형)으로 구성되었고 모든 화자는 의사소통과정에서 이 문형을 사용한다는 것에서 출발한다. 문형의 응용은

문법규칙의 지식없이도 가능하다. 그 응용은 문장모형을 기계적으로 훈련 (소위 문형연습)함으로써 이루어진다.

문형 연습은 일정한 문장모형을 연습하는 것이며, 문장을 유추, 변경, 개 조시킴으로써 문형을 언어습관이 되도록 강화한다.

이에 상응하는 연습을 통해 적당한 어휘가 포함된 구조모형이 정상적인 언어속도로 의사소통에 쓰이게 된다.

네 번째 원칙: 음 체계의 사용

음 체계는 구조적으로 그리고 자신의 실제 사용에 따라 제공된다. 이는 제시와 모방을 통해, 학습보조자료와 비교하여 그리고 연습을 통해 이루어 진다.

연습은 중요하다. 와국어 습득시 순수하게 모방만 하는 것으로는 충분하 지 않다. 연습문제의 형태는 예를 들어 조음과정을 제시해주고 최소변별쌍 을 대립하는 것이다(예, Beet – Bett, Teig – Teich 등)

다섯 번째 원칙: 어휘습득

음 체계와 문법구조모형을 연습하는 동안에는 어휘확장은 최소한으로 줄 여져야 한다.

우선 가장 중요한 것은, 언어를 응용하고 싶으면 기본구조체계, 중요한 음의 차이와 음의 결합을 알아야 한다. 전체 수업은 이러한 요소를 제공하 는 데에 집중해야 한다.

여섯 번째 원칙: 특별한 문제점을 제공

모국어와 구조적으로 차이가 나는 외국어 요소와 모형이 문제점을 제공 한다. 특별히 어려운 것은 자주 의식하게 하고 많이 연습되어야 한다.

일곱 번째 원칙: 말이 고정된 것으로서의 글

읽기와 쓰기는 학생들이 이미 알고 있는 언어요소와 모형을 글자로 재현하여 조작한 것이다. 이런 형태로 수업이 도입된다.

문어로서의 읽기와 쓰기 수업은 구어의 읽기와 쓰기 수업과 구분되어야 한다.

여덟 번째 원칙: 언어모형의 전개

새로운 언어모형을 도입할 때는 알려진 것을 토대로 단계적으로 이루어져야 한다.

모든 새로운 모형은 선행한 것을 토대로 이루어진다. 이때에 각 단계는 작게 나누어지고 학습난이도에 맞추어진다.

이러한 과정방식은 한 언어의 구조방식과 또한 언어학습은 복잡한 습관을 배우는 것에 해당하고 이 습관은 천천히 이루어져야 한다는 생각에 기인한다.

아홉 번째 원칙: 언어사용과 번역

번역은 언어를 능동적으로 사용하는 데에 적당한 대체물이 아니다. 라도는 번역을 외국어 습득 분야 내에서 추가적인 특수한 기술로 간주한다; 그는 번역을 필수적인 교수목표로 간주하지 않는다.

열 번째 원칙: 실제 상황을 재현하는 언어모범

언어는 실제로 말하는 것과 똑같이 가르쳐야지, 어떻게 말해져야 한다는 식으로 가르쳐서는 안 된다.

이러한 요구는 언어모델은 모국어 화자이어야 한다는 것을 내포한다. 또한 하나의 문체만이 중요한 것이 아니라, 예를 들어 일상 통용어에서 같은 내용을 의미하는 것으로 여러 형태와 표현이 있다는 것도 포함한다. 지리적인 방언의 차이를 다루어서는 안 된다.

열 한 번째 원칙: 언어연습

수업 시간의 대부분은 언어사용을 연습하는 데에 쓰여져야 한다.

이 원칙은 무엇보다 심리적으로 정당화되었는데, 즉 학습소재의 규모와 다루는 시간은 연습시간과 직접적으로 비례관계에 있다. 언어학자는 암기와 문형연습 형태의 실제 연습이 중요함을 증명하였다.

열 두 번째 원칙: 대답연습

대답이 학생의 언어목록에 들어있지 않다면, 부분연습과 보조학습을 통해서 제시되어야 한다.

열 세 번째 원칙: 발화속도와 언어문제

이 원칙이 강조하는 것은 모든 연습은 언어학에서 허용되고 심리적으로 타당한 언어사용을 목표로 하는 관점에서 이루어진다는 것이다.

열 네 번째 원칙: 직접적인 학습강화

학생이 대답을 하면, 대답이 옳았나를 그 학생에게 직접 알려줄 수 있다. 라도는 이 발언을 Thorndike와 Skinner의 조사를 근거로 하며, 이 조사는 올바른 행동을 직접 강화하면 효과를 올릴 수 있다고 주장한다.

열 다섯 번째 원칙: 목표어 문화에 대한 태도

학생은 배우는 언어를 사용하는 민족과 되도록 많이 일치(동일시)시켜야 한다. 최소한 이해심을 가져야 한다. 이러한 태도가 현실과 타협할 수 없는 전시(戰時)가 아니라면.

라도는 이러한 요구도 학생들의 동기를 높여서 효과를 강화할 수 있다고 주장한다.

9.4. 의사소통 교수법

M. Baldegger, M. Müller, G. Schneider(1981)의 저서 *Kontaktschwelle*

*Deutsch als Fremdsprache*에서 발췌한 발화행위 개요.

개요: 발화행위(SA)

1.　　**정보교환**

1.1　　*전달*

1.1.1　동일화, 명명하기

1.1.2　확인, 주장하기

　　　1.1.2.1　　확인하기

　　　1.1.2.2　　부정하기

　　　1.1.2.3　　자명한 것으로 제시

　　　1.1.2.4　　확실한 것으로 제시

　　　1.1.2.5　　명확한 것으로 제시

　　　1.1.2.6　　가정 제시

　　　1.1.2.7　　가능성 제시

　　　1.1.2.8　　희박성 제시

　　　1.1.2.9　　불확실성 제시

　　　1.1.2.10　불가능성 제시

1.1.3　일반화

1.1.4　기술하기

1.1.5　설명하기

1.1.6　관심갖기

1.1.7　기억하기

1.1.8　보고하기

1.1.9　의견제시

1.1.10　공고하기

1.1.11　가정하기

　　　1.1.11.1　같은 경우에 대해 말하기

　　　1.1.11.2　불가능성에 대해 말하기

1.1.12　확인하기

1.2　　질문

6.3.2 주저하기, 단어찾기

6.3.3 보조표현 부탁하기

6.3.4 정정하기

6.3.5 돌려 말하기

6.3.6 세기, 열거하기

6.3.7 예를 제시하기

6.3.8 테마 바꾸기

6.3.9 요약하기

6.3.10 강조하기

6.3.11 발언끝내기

(Baldegger u.a. 1980, 52-62)

9.5. 이해 기술

점검목록: 텍스트에서 이해기술의 개발

a) 단어영역

> 텍스트에 나오는 모든 단어, 어간 (국제공통어, 능동적으로 배워야 할 외국어 단어)에 표시/줄긋기

> 어간 표시(어미 지우기)

> 합성어 확인 (합성어의 마지막 요소에서 기본의미 확인; 오른쪽에서 왼쪽으로 분석

b) 문장영역

> 의미요소로서 단어/문장;

- 텍스트의 문장영역에 표시되고 '눈에 띄는' 모든 것에 집중;

- 대문자, 인쇄구성(굵은 체, 이탤릭 체 등), 숫자와 다른 눈에 띄는 기호

- 부정, 인용부호 , 문장기호의 의미기능

> 이해문법의 적극성
  - 어미/언어형태를 기저 틀(frames)/계열(Paradigmata)로 정리
  - 문장 관계요소를 동사를 중심으로 재구성, 독일어에서는 동사가 문
    장의 중심이 된다 (동사를 찾고 나서 주어와 보충어를 묻는다)
  - 부문장표시, 기능, 구조를 인지하기 (weil = 이유를 표시; 문장 내에
    서 위치변화가 있음: 동사와 보충어의 위치가 바뀜).

  ......

c) 텍스트영역

> 텍스트와 언어외적 환경
  일정한 텍스트종류에는 어떤 특징이 있는가? 특징은 이해하는 데 무
  슨 도움을 주는가?

> 텍스트구성
  - 텍스트구분/ 시각화/ 인쇄형태
    텍스트종류와 이해영역에 어떤 지침을 주는가?
  - 텍스트에서 핵심내용 전달: 중요하지 않는 것 지우기 (형용사; 부사;
    동격; 관계문장 등) - 여기에서 학습자 내지 그룹이 이해하는 데 보
    조가 될 수 있는 연습을 많이 할 수 있다.
  - 텍스트에서 논거의 내적 구조를 연결해주는 접속사를 찾고 정하기
    (aber, weil, jedoch, trotzdem, und 등)
  - 텍스트 지시사를 인지하고 정하기 (Das Haus....... Es)
  - 텍스트의 언어목록에서 눈에 띄는 부분표시 (예, 인쇄텍스트에서
    '구어' 표현; 방언 등)

  ......

d) 문화표시 영역/ 문맥

> 'falsche Freunde' (단어형태가 같으나 의미가 다름)에 대해서 섬세한
    차이를 구분
> 텍스트의 주요 개념에 대해서 연상도표 제시. 이는 모국어와 외국어에
  서 다른 함축개념을 전달하기 위해서이다.
> 같은 테마의 텍스트를 외국어와 모국어로 비교하기

9.6. 연습유형

점검목록: 의사소통 독일어수업을 위한 연습유형
　　　　　(개요)

A. 1. 이해보조수단의 개발

　1. 단순화

　　1. 핵심단어에 집중

　　2. 핵심단어로 요약/정보구조의 제시

　　3. 텍스트종류의 변경과 이해를 도와주는 단순화 작업

　2. 축약

　　언어가 단순화되어 병행될 수 있는 텍스트의 선정

　3. 분류

　　1. 정보를 도표로 분류

　　2. 텍스트를 의미영역으로 구분 - 시각적 분류

　　3. 정보순서를 표시하는 진척 상황표 작성

　4. 시각적인 명확성

　　1. 텍스트를 - 시각적으로 제시하여 - 이해하기 쉽게 함

　　2. 정보개념을 시각적으로 명확히 함

　5. 선지식을 적극적으로 사용

　　1. 해당 분야를 체계적으로 조사

　　2. 핵심개념에 대해 조직적으로 미리 설명하기(advanced
　　　organizer)

　6. 모국어 사용

　　1. 모국어로 (요약된) 병행 텍스트

　　2. 주해: 모국어로 중요한 개념을 설명 (각 주) - A.1.1.1. 참조

A. 2. 이해한 것을 조사하는 과제

　1. 선다형 과제

　2. 옳고 그름 과제

3. 맞추기 과제

B. 전달능력의 기초 - 언어형태를 확실하게 해주는 재생산적 성격의 연습
   1. 문형연습: 문장변형표
   2. 문형연습: 대치연습
   3. 문형연습: 그림으로 된 대화연습
   4. 채우기 연습/ 빈칸 텍스트 보충
   5. 질문대답 작성
   6. 상황과 언어수단의 배열
   7. 상황재현 텍스트의 도움으로 대화변형
   8. 보충연습

C. 전달능력의 개발 - 주어진 상황/역할/이해보조수단을 (통제적으로 또는 자유롭게) 표현하기 위한 재생산적-생산적 성격의 연습
   1. 상황/텍스트에 있는 문제해결
   2. 사태를 자신의 말로 표현
   3. 주어진 상황에서 대화 만들기
   4. 열려진 대화 - 대화 역할의 보충
   5. 주요단어/메모로 텍스트 만들기
   6. 그림으로 주어진 텍스트 만들기 (그림 이야기)
   7. 진척상황표 보충
   8. 열려진 이야기 (처음/속편 만들기)
   9. 대화 나누기 (Verzweigungsdialog)/연결점(Gelenkstelle)을 가진 대화
   10. 텍스트유형 바꾸기 (보고 - 담화 / 대화 - 기술)
   11. 선택 이야기 - 다의적인 상황에 대한 여러 텍스트/대화 고안하기
   12. 텍스트와 그림내용 간에 모순점 해명하기
   13. 편지에 답하기 (편지로/전화로/대화로 등)
   14. 주어진 텍스트를 요약하는 통제 보고서(메모/주요 단어로 작성)

15. 그래픽/통계에 있는 지시문 작성
16. 어떤 사태에 독자편지 쓰기

D. 자유스러운 전달에서 외국어 개발과 응용
   1. 비교하기: 장점과 단점/찬성과 반대
   2. 논평하기
   3. 입장표명하기/자신의 의견 주장하기
   4. 역할놀이/모방하기

(Neuner/Krüger/Grewer 1981, 2f.)

9.7. 기초적인 경험영역

다음 목록은 독일 내의 어학수업과 전공수업에서 "외국인 노동자 자녀" 목표집단을 위한 기초 경험영역을 분류한 것이다.

개발수업에서 공통과목 계획안

경험영역	수업을 위한 테마/사실영역
학교	시간표 학교 오리엔테이션 등교길 학교선택 (4학년) 학교/운동장에서 갈등
교통	등교길(도보; 자전거; 버스; 기차) 지도 자전거 사고 여행 (지도, 여행길, 비용, 거리; 화폐단위) 교통신호와 법규

숙식	사기 (셀프서비스 시장/개별시장, 가게; 시장보기 목록표; 가격; 가격비교; 돈) 선전 식품, 음료 옷
작업 여가/휴식	직장에 있는 부모 직업, 원하는 직업 연장 놀이터, 체육장 TV 축하하기 (생일) 선사하기 장난감 놀이, 놀이규칙, 색깔 계절, 날씨 주말 취미
건강/병	신체부위 병 영양 약 사고/병원 의사진찰
가족/거주/환경	친척관계, 집/가구/집 구하기 주거지역/도시/놀이터 안과 밖 공해
내 나라/네 나라	공통점과 차이점 독일인과 외국인/편견 휴가목적지로서 모국 모국의 토산품, 각국 관계 누가 어디에서 '편안한가'?
권위와의 관계 – 교제/갈등	경찰에서 관공서에서 교사와 총장 친구와 적 전화하기와 통역하기 정보전달 (우체국/기차/역/TV/라디오)

(Neuner/Hildebrand u.a. 1983, 42)

10. 전문용어

연상

연상(Assoziation)이란 인간의 경험영역에서 두 요소들 간의 연결관계를 말한다. 한 요소를 지각할 때 다른 요소도 생각나게 되는 것을 뜻한다.

연상심리학(철학자 Hobbes, Hume, Mill이 기초하였음)은 어떤 조건이 이런 연결관계를 조성하느냐를 연구하는데, 일차적으로 유사성, 대조, 근접성(시간이나 공간에서의 접촉관계)과 (Hume에 따르면) 원인 - 효과를 다룬다. Thomas Brown(1977-1820)은 연상형성에 유용한 또 다른 조건으로 생동성(vivacity), 새로움(recentness), 흔한 반복을 든다. 연상법칙은 심리학적 학습연구에서 특히 중요한 역할을 하였다. 그리하여 연상 개념은 특히 단어의미, 언어생산의 언어적(verbal) 학습과 규칙성이라는 특정한 현상을 설명하는 데 사용되었다.

연상이 모든 정신적인 과정의 가장 중요한 설명원칙이라는 견해는 오늘날 더 이상 지지받지 못할 것이다. 의미 결속과 구조에 관한 견해가 중요시되었다. 그럼에도 연상적 연결관계라고 설명될 수 있는 정신적인 과정이 있는데, 외국어 학습에서의 쌍 연상(Paarassoziation)이나 개념과 개념명칭의 결합관계가 그런 예들이다.

주요 문헌:

CLARK, H. H.(1970). *Word associations and linguistic theory.* In: LYONS, J.(ed.): *New Horizons in Linguistics.* Harmondsworth.

EBBINGHAUS, H.(1908). *Abriß der Psychologie.* Leipzig.

HÖRMANN, H.(1967). *Psychologie der Sprache.* Berlin.

HULL, C. L.(1943). *Principles of Behavior.* New York.

행동주의 학습이론

행동주의 심리학파(J. B. Watson(1878-1958)에 의해 기초됨)는 1920년 이후 미국에서 발달한 것이다. 이 학파의 대표자들은 정신적인 과정을 해명하기 위하여 관찰 가능한, 객관적으로 파악될 수 있는 행동에만 근거를 두었다. 행동은 야기하는 자극(stimulus)과 그에 수반하는 반응(response) 사이의 규칙적인 관계이다. 학습은 기본적으로 행동의 변화로 간주된다.

가장 유명한 행동주의 학습이론은 스키너 (B. F. Skinner)에서 나왔다. 주목을 끄는 저서 『Verbal Behavior』(1975)에서 스키너는 언어도 행동의 한 형태라고 정의한다. 언어는 환경에 의한 모방과 강화(reinforcement)를 통하여 생기는 것이다. 언어는 자동화(Automatisierung)를 통하여 행동습관 (말 습관 speech habit)이 된다. 이에 유추하여 스키너는 엄격하게 "조건화" 의 법칙에 따라 구성된 외국어 수업을 요구하였다.

주요 문헌:

BROOKS, N.(1969). *Language and Language Learning*. New York.

LADO, R.(1964). *Language Teaching*. New York.

SKINNER, B. F.(1938). *A Behavior System*. New York.

SKINNER, B. F.(1957). *Verbal Behavior*. New York.

WATSON, J .B.(1924). *Behaviorismus*. Chicago.

베를리츠 방법

Maximilian D. Berlitz(1852-1921)는 남부 독일에서 미국으로 이주한 사람으로서 그의 첫 번째 학교를 1878년에 로드 아일랜드 주(Rhode Island) (미국)의 Providence에 창설하였다. 그는 1914년까지 미국과 유럽에 거의 200개에 이르는 학교를 가지고 있었는데, 여기에 '직접 교수법'을 보급하였다(그러나 그 자신은 베를리츠 방법이라고 불렀음). 1882년부터 교사를 위한 방법론적 지침도 담긴 그의 교과서들이 출판되었는데, 완전한 단일언어성, 구두적 작업, 다양한 문답 기법 등에 관한 지침이 실려있다. 문법설명은 과정의 상급단계에 가서 이행된다. 초급과정의 진행방식은 다음과 같다:

제1장은 동사 sein과 가장 흔하게 사용되는 형용사들(*klein, groß, dünn, dick* 등)과 관련하여 교실에 있는 대상을 도입한다. 이에 따라서 그 의미를 쉽게 지시할 수 있는 어휘와 전치사가 학습된다. 동사는 제5장부터 비로소 도입되며, 자모는 제8과에 가서야 도입된다. 단순 텍스트들이 교수되며, 일상대화로 확장된다.

베를리츠에게 중요한 것은 모든 교사들이 '모국어 화자(native speaker)'였다는 점이다. 언어과정은 특히 빨리 외국어로서 통용어를 빨리 배우고 싶어하는 성인을 위한 것이었다.

주요 문헌:

BERLITZ, M. D.(1907). *The Berlitz Method for teaching modern languages.* New York.

PAKSCHER, A.: *Die Berlitz-Methode.* In: *Englische Studien,* XXI, 310-320.

자립 교수법

자립 교수법(Emanzipatorische Didaktik)의 개념은 "함부르크 모델"의 교수법 이론과 연관된 것인데, 이 이론은 슐츠(Wolfgang Schulz)의 『Unterrichtsplanung』(1980)에서 설명되고 있다.

슐츠에 의하면, 자립적인 생각과 행위는 교수법의 모든 차원에서 포괄적인 것을 목표로 한다. 자립(Emanzipation)은 구체적인 수업에서만 일어나는 것이 아니다. 조건(사회에서 학교의 역할)에 관해서도 고찰된다.

수업기획(Unterrichtsplanung)은 다음과 같은 세 가지 차원에서 행해진다: (1) 사회적 관계, (2) 제도로서 학교의 규정(예, 교안), (3) 구체적인 수업.

주요 문헌:

SCHULZ, W.(1980). *Unterrichtsplanung.* München-Wien-Baltimore.

인지적 학습이론

행동주의 학습이론은 영향력이 매우 컸다. 그러나 이 관점은 곧이어 일방적이라는 강한 비판을 받았다. 그래서 생겨난 것이 인지적 학습이론(Kognitive Lerntheorie)이다. 이 이론은 인간을 외부 자극을 통하여 조정할 수 있다는 '블랙박스(black box)'라고 보는 생각에 반대한다. 이것은 인간을 학습과정에 능동적인 참여자로 본다. 이 참여자는 정보를 목표 지향적으로 선별하고 처리할 수 있다. 그는 의식적이면서 통찰력 있게 학습할 수 있다.

톨만(Tolman 1932)은 학습을 정보처리(Informationsverarbeitung)라고 설명한다.

언어수업에 특히 중요한 것은 심리언어학자인 Noam Chomsky(1959)의 스키너에 대한 비판이었다. 촘스키에 의하면, 언어는 복잡한 체계이다. 언어를 창조적으로 응용할 수 있는 타고난 능력을 가진 인간은 이 체계를 여러 차원(Dimension)에서 실현할 수 있다.

주요 문헌:

CHOMSKY, N.(1959). *Review of verbal behavior.* In: *Language*, 35, 26-38.
NEISSER, U.(1967). *Cognitive psychology.* New York.
TOLMAN, E. C.(1932). *Purposive behavior in animal and men.* New York.

외국어로서 독일어 기초수준

기초수준(Kontaktschwelle) 이론은 독일에서 개발된 것이다. 이것은 (유럽의회) 성인교육에서 외국어 수업을 위한 문지방(기초)-수준-쌓기 상자 시스템(Threshold-Level-Baukastensystem)에 속한다. 이것은 교수자료들을 개발하고 직접적인 의사소통을 지향하는 언어수업을 기획하는 국가의 독일어 교사에게 도움이 될 수 있다. 이것은 다양한 발화의도와 일반적인 개념 및 관념(Notion)과 관련된 언어수단 목록을 포함한다. 이 목록의 토대는 학습자가 다른 나라에 있을 때 필요하다고 예상할 수 있는 언어적 행위에 관한 연구이다. 기초수준 이론은 다음과 같은 요인을 연구한다.

- 의사소통 참여자들, 그들의 역할과 관계

- 외적인 상황조건
- 의사소통형태(매체)
- 태도와 화행
- 주제

주요 문헌:

BALDEGGER, M./MÜLLER, M./SCHNEIDER, G.(1981). *Kontaktschwelle Deutsch als Fremdsprache.* München.

규범문법

이 개념은 라틴어 '*norma* = 규칙, 규정'에서 파생된 것이다. 규범문법 (Normative Grammatik)은 한 언어의 문법 수단을 "올바르게", "훌륭하게" 사용하는 것을 정한다. 오늘날의 언어학은 규범문법을 거부한다.

패턴, 패턴 연습

라도(Robert Lado 1974)의 『Moderner Sprachunterricht』 295쪽에서 인용:

"패턴(Pattern) : 반복적인 음성, 형태소, 단어, 표현 또는 문장 등의 각 모형이나 순서(Arrangement). 프랑스어, 스페인어, 독일어 등의 문장모형들은 어휘뿐 아니라 구성모형의 본질적인 요소 등을 고려하더라도 영어의 것과 구별되지 않는다.

패턴 연습(pattern practice) : 언어적 자료를 바꿔서 하는 연습. 이런 연습은 특정 언어에 필수적인 기계적인 훈련 교육을 통하여 습관화 되도록 점진적으로 강화할 수 있고, 이런 방식으로 학생이 내용진술에 완전히 몰두할 수 있도록 한다."

실용 언어학

체계 언어학과는 달리 실용 언어학(Pragmalinguistik)은 언어를 인간 행위의 특수한 형태로 본다. "화행(Sprechhandlung)"은 사회적, 비언어적 관계에서도 연구되고 또 연구될 필요가 있다.

실용 언어학은 다양한 학문원리(심리학, 사회학, 철학, 언어학)의 영향을 받았는데, 특히 화행론의 영향도 받았다(다음의 "화행론" 항목도 참조).

주요 문헌:

BÜHLER, K.(1934). *Sprachtheorie. Die Darstellungsfunktion der Sprache.* Jena.

MORRIS, Ch.W.(1938). *Foundations of the Theory of Signs.* Chicago.

WUNDERLICH, D.(Hrsg.)(1972). *Linguistische Pragmatik.* Frankfurt.

사회철학

교수법의 논의는 70년대에 사회철학(Sozialphilosophie)의 연구업적을 통하여 본격화되었다. 의사소통능력 개념은 사회 철학자 Habermas와 Luhmann으로 소급된다(1971). 인간은 서로 대화할 때 자신에 대하여, 자신과 청자와의 관계 또는 대상에 관하여 뭔가를 진술하기 위해서는 의사소통능력이 필요하다(Baacke, 58). 하버마스는 통용어 의사소통의 형태를 두 가지로 구분한다.

(a) 의사소통행위(kommunikatives Handeln) : 이것은 주제와 상황조건, 당면 주제와 관련된 사회적인 습관에 의한 발화파트너들 간의 거리낌없는 협조를 전제로 한다.

(b) 담론(Diskurs) : 이것이 이행되는 경우는 상호소통이 문제가 될 때이다. 이상적인 경우는 화자 가운데 누구도 언어를 통하여 힘을 행사하지 않으려는 경우일 것이다. "'담론'은 이상적인 학습상황을 달리 나타낸 명칭이다: 이상적인 학습상황도 행위를 구속하는 것과는 거리를 둠; 한 학습집단에 속하는 사람들 간의 동등한 교제; 근거가 있고 이해 할 수 있는 진리를 찾으려는 노력."(Baacke, 63).

주요 문헌:

BAACKE, D.(1971). *Kommunikation als System und Kompetenz.* In: *Neue*

Sammlung. 1, 57-69.

HABERMAS, J./N. LUHMANN(1971). *Theorie der Gesellschaft oder Sozialtechnologie.* Frankfurt/M.

PIEPHO, H. E.(1974). *Kommunikative Kompetenz als übergeordnetes Lernziel im Englischunterricht.* Dornburg-Frickhofen.

사회심리학

사회심리학(Sozialpsychologie)은 사회에서 개인의 역할을 연구한다. 크라프만(Lothar Krappmann)은 의사소통 행위를 위해서는 어떤 기본 조건들이 전제되는가를 기술한다: 감정이입과 역할 간격. 저자는 이런 능력을 전달하는 것이 학교의 과제라고 본다.

크라프만(Krappmann)에 의하면 의사소통과 공통된 사회 행위를 위한 전제는 정체성이다. 정체성을 통하여 개개인은 "자기가 누구이며" 그의 특징이 무엇인지 보여줄 수 있다.

언어는 여기서도 독특한 역할을 한다. 개인은 언어의 도움으로 상호행위 과정에서 자기의 정체성을 "확립한다".

주요 문헌:

KRAPPMANN, Lothar(1971). *Soziologische Dimensionen der Identität. Strukturelle Bedingungen für die Teilnahme an Interaktionsprozessen.* Stuttgart.

화행론

화행론(Sprechakttheorie)의 기본이론은 말할 때 행위가 이행된다는 것이다(앞의 '실용 언어학' 항목 참조). 이를테면 명령이 질문이나 소원이 발화되는 것은, 특별한 규칙에 따라 이행된다: "말은 규칙을 따르는 행동 의 한 형태이다."(Searule, 독어판 1971, 29).

언어 화행론의 가장 중요한 대표자는 오스틴 (J. Austin)과 써얼 (J. Searle)이다.

주요 문헌:

AUSTIN, J. L.(1962). *How to do things with words.* Cambridge, Mass.

SEARLE, J. R.(1962). *Speech Act. An Essay in the Philosophy of Language.* Cambridge.(독어판: *Sprechakte. Ein sprachphilosophischer Essay.* Frankfurt/M 1971).

DERS.(1971). *What is a Speech Act?* In: DERS.(ed.): *The Philosophy of Language.* Oxford, 39-53.

구조주의 언어학

구조주의 언어학(Strukturalistische Linguistik)은 20세기 전반기에 유럽과 미국에서 일어난 몇 가지 언어학 이론들을 지칭한 것이다. 구조주의는 언어를 기호의 폐쇄적인 체계, 즉 모든 부분들이 서로 의존관계에 있는 결속된 전체(zusammenhängendes Ganzes)라고 이해한다.

외국어 수업에 특히 중요한 것은 미국의 구조주의 방향이다. 블룸필드는 학습을 - 행동과학처럼 - 행동변화의 기계적인 과정이라고 본다. 외국어 숙달은 반복/모방의 결과이자 제시된 문장모형의 훈련이다(문형 실습, 문형 연습).

영향력이 매우 컸던 것은 라도의 저술들이었다. 라도는 학문적으로 증명된 언어수업 모델을 최초로 제시한 학자이다. 그는 모든 언어는 고유한 법칙을 가지고 있다고 강조한다. 그래서 대비분석을 수행하고, 다양한 모국어를 가진 화자의 외국어 학습을 쉽게 만들거나 어렵게 만드는 일치점과 차이점을 탐구할 필요가 있다.

현대 외국어 수업의 중요한 성과로는 구조주의 언어학이 구어를 연구하였다는 사실이다. 라도에게서 외국어 수업의 목표는 구어적 의사소통수단으로서의 언어 학습이다. 방법론적으로 보면 언어학습은 언어의 부분숙달을 정해진 순서에 따라, 곧 말하기를 위해서 듣고 이해하기부터 쓰기를 위해서 읽고 이해하기를 거쳐 일어난다. 의사소통을 겨냥한 외국어 학습은 라도 이래로 외국어 수업의 최상위 학습목표로서 확고한 지위를 차지하였다.

주요 문헌:

BLOOMFIELD, L.(1933). *Language*. New York.

BLOOMFIELD, L.(1943). *Outline Guide for the Practical Study of Foreign Languages*. Baltimore.

LADO, R.(1964). *Language Teaching*. New York.

체계언어학

체계언어학(Systemlinguistik)은 언어를 의사소통 기호의 체계로 본다. 체계언어학적인 분석은 언어의 형태 분야를 기술한다. 이것은 적극적인 언어사용을 탐구하지 않는다(이에 대해서는 앞의 '실용 언어학' 항목 참조).

11. 과제해답

[과제 7] 문법번역방법의 특징:

문법:

- 품사별로 분류
- 문법과제가 열거되고, 모국어로 작성된 규칙으로 설명됨
- 각 규칙에 대한 독일어 예문들(과 이들의 번역)

연습유형:

- 문법과 관련된 문장형성
- 번역 모국어 - 외국어
  　　　　외국어 - 모국어
- 읽기 텍스트(번역용으로 사용되기도 함)
- 작문, 듣고 요약하기 그리고 받아쓰기 같은 쓰기 과제

단원구성/단계:

- 교재에 "단원들"이 아닌 문법/연습/텍스트 등과 관련된 단위들
- 교사는 개개의 소단원들을 도입, 연습, 응용과 관련해서 작성해야 한다.

학습소재 전개:

- 학습소재를 "쉬운 것에서 어려운 것으로" 전개시키는 것이 아니라 품
  사별로 문법을 정리함
- 문법이 수업을 결정함.
- 난이도의 등급은 연습문제에서 인식될 수 있음(기본 단계-확장 단계).

장점과 단점 :

어떤 방법이라도 객관적으로 평가될 수는 없다. 방법의 효과는 여러 요
인에 의해 좌우되는데, 다음과 같은 요인이 있다.
  - 학습자 집단의 특징(나이, 선지식, 학습전통, 문화 특유의 요인들 등)
  - 제도적인 조건들(사용되는 시기, 매체 장비, 교사의 자질 등)

형식적, 체계적, 인지적 학습은 이를테면 성인 학습자에게 장점이 될 수
있다. 문법번역방법은 읽고 이해하기, 번역, 쓰기도 장려한다.

[과제 8] "2격 지배 전치사" 단원구성
다음의 예문, 단원 텍스트, 연습문제(Ü 59)는 교과서 『Deutsche Sprach-
lehre für Ausländer』(Griesbach/Schulz 1955) 초급단계의 68/69, 74쪽에서
인용한 것이다.

---

1. Präpositionen mit dem Genitiv

Mein Vater hat mir *statt des Geldes* nur einen Brief geschickt. Er arbeitet *trotz des Feiertages*. der Schüler lernt *während des Unterrichts* sehr viel. er geht heute *wegen seiner Prüfung* nicht ins Theater.

> (an)statt, trotz, während, wegen
> **IMMER MIT GENITIV**

2. Verben mit Präpositionen

Der Lehrer *beginnt mit dem* Unterricht. Fritz *schreibt an seinen* Vater. *Sprechen* Sie *mit ihrem* Freund. Ich *danke* Ihnen *für Ihre Hilfe*. Er *freut sich über den* Brief. Wir *warten auf den* Zug.

> **Viele Verben haben Objekte mit Präpositionen.**
> Lernen Sie diese Verben mit ihren Präpositionen.

Ein Brief

Liebe Eltern!

Heute habe ich Euer Paket bekommen. Ich danke Euch herzlich dafür. Die Sachen in dem Paket kann ich gut brauchen. Besonders freue ich mich über den Kugelschreiber. Ich kann damit gut schreiben. Leider habt Ihr mir statt meiner Handschuhe die Handschuhe von Klaus geschickt. Meine Handschuhe habe ich in die Schublade meines Nachttisches gelegt. Dort haben sie immer gelegen. Ihr könnt sie sicher leicht finden. Außerdem möchte ich gern noch mein Wörterbuch haben. Könnt Ihr es mir bald schicken? Es hat immer im Regal gestanden; vor meiner Abresie habe ich es aber in den Bücherschrank gestellt, glaube ich.

Seit vier Monaten bin ich nun hier und es gefällt mir hier sehr gut. Morgen beginnen die Ferien, und ich freue mich schon darauf. Die Eltern meines Freundes haben ein Auto und wollen damit an die See fahren. Sie haben mich eingeladen und ich fahre mit ihnen. In vierzehn Tagen sind wir wieder zurück.

Nach meiner Rückkehr von der Reise will ich wegen meiner Arbeit mit meinem Professor sprechen, denn ich habe noch einige Fragen. Professor Neumann will mir trotz der Ferien helfen. Das ist sehr freundlich von ihm, nicht wahr?

Gestern habe ich mit zwei Kollegen das Ende des Semesters gefeiert. Zuerst waren wir im Theater und danach haben wir uns in ein Café gesetzt. Wir haben dort bis 12 Uhr gesessen und haben viel Spaß gehabt.

Hoffentlich geht es Euch gut. Macht Ihr während Eures Urlaubs auch eine Reise? Für heute schließe ich meinen Brief und grüße Euch sehr herzlich.

Euer

Robert.

Übung 59: Präpositionen mit dem genitiv.

1. Er ist trotz sein- Geburtstag- zum Unterricht gekommen. 2. Ich habe Frau Müller statt d- Blumen- Schokolade mitgebracht. 3. Während d- Essen- rauchen wir nicht. 4. Der Vater will wegen sein- Sohn- mit dem Lehrer sprechen. 5. Während sein- Aufenthalt- in Deutschland hat er seinen Freund

Dr. Schmidt besucht. 6. Sein Vater hat ihm statt d- Brief- ein Paket geschickt. 7. Wegen sein- Koffer- hat er ein Taxi genommen und ist nicht zu Fuß gegangen. 8. Ich kam wegen d- Aufenthalt- in Ulm zu spät nach Stuttgart. 9. Während d- Arbeit- sitzt mein Vater in seinem Büro. 10. Er hat trotz unser- Hilfe- viele Fehler gemacht. 11. Wegen mein- Freund- kam ich zu spät in die Vorlesung. 12. Der Schüler hat einen Fehler gemacht. Er hat statt d- Dativ- den Akkusativ gebraucht. 13. Während d- Semesterferien arbeite ich mit Herrn Müller in der Bibliothek. 14. Nehmen Sie statt d- Kugelschreiber- den Füller. 15. Trotz d- Zentralheizung- war das Zimmer kalt. 16. Der Student hat trotz d- Ferien- viel gearbeitet.

(Griesbach/Schulz 1955, 68f./74)

문답 연습:

1. *Kommst du statt deines Bruders zur Party?*

    Ja, ich komme statt meines Bruders.

2. *Was machen Sie während der Sommerferien?*

    Während der Sommerferien bleibe ich zu Hause.

[과제 10]

1. 직접방법: 특징

- 수업의 단일언어성
- "자연스런(naturgemäß)" 학습(모국어 학습처럼)
- 구어의 강조
- 형식을 거의 배제한 문법수업, 그 대신 표본 문장과 표본 대화의 모방
  을 통한 "언어감각" 개발
- 연상에 의한 학습
- 전형적인 연습형태: 문답, 대화, 대화의 암송

2. 개혁방법들의 개발원인:

문법번역방법에 대한 불만은 다음과 같은 비판을 낳게 되었다.
- 살아있는 언어들이 "문서언어(Buchsprache)"(라틴어/그리스어)처럼 가르쳐진다.
- 살아있는 언어들이 "문서언어인 라틴어"의 규칙에 따라 기술된다.
- 말하기를 배워야 하지만 문어에 집중한다.
- 언어가 개별 구성성분들로 "세분"된다(규칙들).
- 규칙들이 고정적으로 응용되며(표본 문장들) 철저히 암기되어야 한다.
- 개별 요소들(규칙, 단어)의 집중학습(Pauken)에 대한 동기부여가 거의 없다.
- (살아있는) 언어의 현실과 무관하다.

3. 개혁 원인:

- 현대 외국어의 습득에 대한 수요 증가(정치적/경제적/문화적 원인)
- 언어학의 새로운 발전(음성학/비교 언어학)
- 살아있는 언어들을 전달할 때 문법번역방법의 비효율성

[과제 12]
*Kinder lernen Deutsch*의 여백에 직접방법에 대한 핵심단어 적기
41 쪽: 4 가지 숙달 순서: 듣기 - 말하기 - 읽기 - 쓰기
        어휘학습에서 시각적 도움
        그림에 의한 의미전달
        제시된 그림이나 사진에 관하여 질문하고 토론하기
        먼저 어휘를 확실히 숙달하고 다음으로 읽고 쓰기 숙달하기!
        기본적인 것: 단일언어성
        단일언어성에서 예외
        "실제" 상황을 수업에서 만들기!
        체계적인 발음교육
        특히 비교적 나이가 든 어린이를 위하여 의식적인 음성학과 문법교육

모방이 문법설명보다 앞섬

교사가 필요하다고 생각할 때에만 문법설명

"언어감각"의 개발

131쪽: 교과서에 학생들에게 동질감을 일깨울 수 있는 "Schiller"가족이 있음

132/5쪽: 도입단계: 상황그림 – 일상상황/시각화/대화

133 쪽: 연습형태: 질문 – 대답

134 쪽: 받아쓰기

135 쪽: 발음교육

                 정서법

135 쪽: 기억용 문장에 의한 문법설명

        빈 칸 텍스트 보충에 의한 문법연습

        시

136 쪽: 노래와 역사

[과제 13]

비교: (1) 『Simpler German Course』 (2) 『Kinder lernen Deutsch』

	(1)	(2)
학습소재 도입	- 모국어에 의한 문법 규칙과 예문	- 중심 단원 텍스트가 있음 (대화)
문법	- 예문이 딸린 자세한 문법규칙	- 문법설명이 주어져 있기는 하지만, "언어감각"의 개발이 규칙학습보다 더 중요함을 명확히 강조한다. 예문이 딸린 도표형태에 의한 문법
연습	- 번역연습 - 읽기/쓰기의 강조	- 질문과 대답 - 대화 암기하기와 따라 연습하기 - 삽입 연습도 있음

어휘색인	- 2개국어 - 자모순으로 배열	- 분리형 단어색인이 아님 - 단어들은 연습문제에 도입되며, - 가능한 곳에서는 - 그림을 통하여 이해를 쉽게 하였음
모국어의 사용	- 모국어로 문법설명 - 모국어로 번역하기	- 단일언어로 기초하였음 - 모국어는 수업에서 되도록 거의 사용하지 않아야 함
그림이나 사진 삽입	- 시각화가 없음	- 단원 도입을 위한 상황그림 - 의미전달을 위한 커트그림 (개별 주제가 있는 작은 그림) - 텍스트(노래)에 대한 삽화
체계적인 발음교육	- 없음	- 있음

[과제 14] 직접방법에 따른 단원구상

여격 지배 동사(선별): *begegnen, danken, dienen, gefallen, gehören, glauben, gratulieren, helfen, passen, schmecken, zuhören*

"여격 지배 동사가 있는 대화"의 예

H. Eckes(1975)가 저술한 교과서 『Deutsch für dich』, Bd. 1권에서 인용:

<table>
<tr><td colspan="2">14   Ein Geschenk</td></tr>
<tr><td>Rudi:</td><td>Mutti, wem gehören denn die Fußballschuhe da?
Sind die für mich?</td></tr>
<tr><td>Mutter:</td><td>Ja, sie gehören dir. Das freut dich sicher.
Tante Erika und Onkel Karl schicken sie dir,
weil du so gern Fußball spielst.</td></tr>
<tr><td>Rudi:</td><td>Oh, das ist aber nett von ihnen, Vielen Dank.
Die Schuhe gefallen mir gut.
Ich nehme sie heute nachmittag mit zum Sportplatz.</td></tr>
<tr><td>Mutter:</td><td>Willst du sie deinem Freund zeigen?</td></tr>
<tr><td>Rudi:</td><td>Natürlich zeige ich sie ihm.</td></tr>
<tr><td>Mutter:</td><td>Zuerst mußt du aber Tante Erika und Onkel Karl
einen Brief schreiben und ihnen danken.</td></tr>
<tr><td>Rudi:</td><td>Ja, sicher, ich schreibe ihnen den Brief sofort
und bringe ihn gleich zur Post.</td></tr>
</table>

(Eckes 1975, 83)

Übungen

A

1. Gefällt dir der Fußball?   Ja, wem gehört er denn?
   ..... Tasche?   ......
   ..... Buch?   ......
   ..... Füller?   ......
   ..... Geschenk?   ......

2. Wem gehört   das Buch?   Ja, es gehört ihm.
   Gehört es ...... dem Vater?   ......
          ...... dem Bruder?   ......
          ...... dem Mann?   ......
          ...... dem Kind? ......

   ...... der Mutter?   Ja, es gehört ihr.
          ...... der Schwester?   ......
          ...... der Frau?   ......

...... der Tante?......

...... den Eltern?   Nein, es gehört ihnen nicht.
...... den Kindern?   ......
...... den Jungen?   ......
...... den Mädchen?   ......

3. Rudi braucht Hilfe.   Kannst du ihm helfen?
Das Kind ....
Die Frau ....
Die Kinder ....
Sascha ....
Der Junge ....
Ich ....

(Eckes 1975, 85)

B

Wir hören und sprechen:
Ich nehme die Schuhe heute nachmittag mit zum Sportplatz.

Ich	**neh**
nehme die	Ich
Schu	me die Schu
he.	he.
me die	**Schu**
neh	Ich nehme
Ich Schu	die
he.	he.
Schu	nehme die Schu
Ich nehme	Ich he
die	**mit.**
he mit.	

nach
Ich nehme die Schuhe   mit
heute   tag
nach

<table>
<tr><td></td><td>neh</td><td>Schu</td><td></td><td>nach</td><td></td></tr>
<tr><td></td><td>me</td><td>he</td><td></td><td>mittag</td><td></td></tr>
<tr><td>Ich</td><td>die</td><td>heute</td><td></td><td>mit zum Sport</td></tr>
<tr><td></td><td></td><td></td><td></td><td></td><td>platz.</td></tr>
</table>

C

1. Mutti, ... gehören denn die Fußballschuhe? – Sie gehören dir. Das freut dich .... Tante Erika und Onkel Karl schicken sie ......, weil du so gern Fußball spielst. – Oh, das ist aber nett von .... Die Schuhe gefallen ...... gut. Ich nehme ...... heute nachmittag mit zum Sportplatz. – Willst du sie ...... Freund zeigen? – Natürlich zeige ich .... – Zuerst mußt du aber Tante Erika und Onkel Karl einen Brief sofort und bringe ...... gleich zur Post.

(Eckes 1975, 87)

2. Mutti, ... gehören denn die Fußballschuhe? – Sie ...... dir. – Die Schuhe ...... mir gut. Sie sind sehr schön. Ich ...... sie heute nachmittag mit zum Sportplatz. – Willst du sie deinem Freund ......? Natürlich zeige ich sie ihm. – Du mußt jetzt einen Brief ...... und Tante Erika und Onkel Karl .... – Ja, ich schreibe ...... sofort.

D

1. A: Gibst du mir bitte deine *Farbstifte*?
   B: Natürlich gebe ich ....
      Aber du mußt .... zurückgeben.
   A: Ja, wenn ich fertig bin, ...
   B: Hier, bitte, nimm ....
      (*Farbstifte*, Buch, Füller, Fußballschuhe, Sachen)

2. A: Du, *Mario* sucht sein *Buch.*
   B: Hier ist ein Buch. Gehört es vielleicht ihm?
   A: Gib mal her, ich zeige es ihm.
   B: Aber, wenn es ihm nicht gehört,

dann bringst du es bitte zurück. -

A: Hallo, Mario, hier ist ein Buch.

Gehört es dir?

C: Nein, es gehört nicht mir! Ich habe mein Buch schon.

A: Ja, wem gehört denn dieses Buch?

(*Mario,* Sascha, die Kinder)

(*Buch,* Heft, Tasche, Ball, Geld)

(Eckes 1975, 88)

[과제 15] "듣고 말하기 방법": 특징

- 구어에 집중함/구어가 문어보다 우선함
- 모국어 무시
- 모방이 학습원칙/규칙을 통한 학습이 아니라 예에 의한 학습
- 체계적인 발음교육
- 듣고 이해하기 교육
- 응용상황(일상상황)에 집중함

[과제 16] 텍스트의 편집, 구성, 기능

이와 관련된 사항은 과제 16과 17의 단락과 75쪽 이하 참조.

[과제 16과 17] 교과서 대화는 얼마나 "사실적"인가?

이 대화는 "자연스런" 대화상황에서 가장 개방적으로 진행되는 것은 아닐 것이다. 인물들의 인상은 굳어 있으며 - 아이들의 생일상황을 고려하면

- 매우 거리감이 있다. 중요한 것은 이들의 언어적인 행동이 문법(여격 지
배 동사)을 통하여 정해진 것이다. 즉, 그들은 "문법의 꼭두각시"로서 문법
현상이 나타나는 문장들만 말해야 한다.

[과제 18과 19] **텍스트에서의 문법현상**
다양한 여격 지배 동사들을 문제삼는다.

[과제 20] **문법번역방법과 구청각방법의 비교**

핵심단어	문법법역방법	구청각 방법
제목에 문법 명시	X	X(일부)
제목에 예문 명시		X(일부)
규칙	X	
시각적인 신호		X
예문		X
모국어	X	
단일언어성		X
문법-개별-현상	X	
문법을 포괄하는 결속관계	X	
예외	X	

[과제 21] **연습문제의 특성화**

연습문제의 특성화	옳음	틀림
일련번호가 붙은 개별 문장	X(일부)	
각 문장에 특정한 문법현상	X	
역할 놀이상황 준비	X	
자유로운 연습구성		X
모범이 되는 예문	X(일부)	
읽기이해용 연습문제		X
수업과 관련한 연습지침	X	

[과제 22]

어학실

장 점	단점
- 개별 학생들의 말하기 연습시간이 더 많음 - 특별한 듣기 프로그램 개발 가능성 - 교사나 녹음된 언어적 모형을 통한 개별적으로 수정 가능함	- 프로그램들이 거의 문장모형과 관련된 따라 말하기 연습만 포함함 - 비교적 자유로운 말하기를 장려하지 않음 - 어학실 연습이 다수의 독자에게 동기부여가 거의 안됨 - 학생들이 동료들과 접촉하지 않고 고립되어 연습함

[과제 23] **문법번역방법과 구청각방법의 비교: 언어학적 토대**

	문법번역방법	구청각방법
연구대상은 무엇인가?	문어	구어
외국어 서술	라틴어 체계에 의존	
외국어 수업의 결과	- 문어 강조 - 문법이 수업에서 지배적임 - 문법이 모국어에 의존하여 설명됨	- 구어 강조 - 특수한 학습 난이도를 탐구하고 (문법)전개를 구상하기 위하여 모국어/목표어의 언어비교

[과제 24] **문법번역방법과 구청각방법의 비교: 학습심리학적 토대**

	문법번역방법	구청각방법
언어학습에 대한 서술	인지적 과정(구성법칙과 규칙을 진단하고 비교하기)	행동 주조를 통한 언어 습관 교육
외국어 수업의 결과	문법이 자세히 서술됨 모국어와 목표어의 비교	문법은 차선책이고 문형 연습이 지배적임

[과제 25] "3격 지배 전치사"의 단원구성

다음의 전치사들은 여격을 요구한다:

aus, außer, bei, gegenüber, gemäß, mit, nach, seit, von, zu.

도입텍스트에서는 이 전치사들이 되도록 많이 포함되어야 한다. 텍스트는 대화형태로 구성되어 있다.

제안:

Klaus und Mira sind befreundet. Es ist kurz vor 8 Uhr. Gleich beginnt der Unterricht. Sie verabreden sich für den Nachmittag.

Klaus: *Wann treffen wir uns?*

Mira: *Nach der Schule, um 16 Uhr.*

Klaus: *Und wo?*

Mira: *Bei der Straßenbahnhaltestelle, gegenüber dem Rathaus.*

Klaus: *Wer kommt noch?*

Mira: *Ich komme mit meiner englischen Austauschpartnerin. Sie heißt Carol. Außer ihr kommt noch ihre Freundin Susan mit. Und was machen wir?*

Klaus: *Wir gehen zu meinem neuen Freund. Er heißt Alexander und wohnt in der Bühlstraße, gleich neben dem Schwimmbad.*

Mira: *Alexander Müller?? Den kenne ich schon seit vielen Jahren!*

usw.

연습형태:

1. *Hans kommt aus dem Haus.*

   Klaus .... Schule.

   Mira .... Stadt.

   Jürgen .... Turnhalle.

2. *Wann treffen wir uns? – Nach der Schule.*

   .... Theater.

   .... Kino.

. . . . *Unterricht.*

usw.

문법제시: 규칙없는 예문들

gegenüber:

Er wohnt gegenüber dem Kino.

Sie wartet gegenüber der Kirche.

bei:

Sein Haus ist bei der Bushaltestelle.

Er arbeitet bei einer Bäckerei.

usw.

[과제 26] 『Auf deutsch bitte』, 33-35쪽의 그림에 대한 텍스트

번호 2: *„Wann hat die Vorstellung begonnen?"* - *"Um fünf."*	*„Na, dann kommt er wohl gleich!"*	*„Ja, das hoffe ich. Es wird bald dunkel!"*
번호 3: *„Haben Sie auch Inge mitgenommen?"* - *„Nein, sie hat den Film schon gestern gesehen.*	*Sie hat um halb sieben angerufen.*	*Sie hat bei Bärbel gegessen.*
번호 4: *Sie kommt erst um neun nach Hause."*	*„Hat sie ihre Schularbeiten gemacht?"*	*„Ja, die sind erledigt.*
번호 5: *Schon um eins ist sie in ihr Zimmer gegangen.*	*Da hat sie mehr als eine Stunde fleißig gearbeitet.*	*Sie hat einen Aufsatz geschrieben.*
번호 6: *und mehrere Aufgaben gerechnet."* - *„Na, gut!"*	*„Jetzt kommt er!"* - *„N'Abend!"* - *„Guten Abend, Heinz!"*	*„Was gibt's heute, Mutti?"*

번호 7: *„Bist du hungrig?" - „Ja, wie ein Wolf!*	*Ich habe seit Mittag nichts bekommen!"*	*„Habt ihr gar keine Schokolade gegessen?"*
번호 8: *„Nein, wir haben leider nicht genug Geld gehabt!*	*Wir haben aber eine Flasche Cola getrunken."*	*„Setz dich, Heinz! Wir sind auch hungrig!"*

[과제 27] 시청각 방법

장 점	약점 / 단점
- 특정한 목표집단에 중요할 수 있는 구어에 치중함(관광객, 무역인) - 일상적 대화상황에서 언어모형 도입 - 대화교육 - 실제 화자 목소리를 변형하여 듣고 이해하기 훈련 - 그림을 통한 의미전달 - 기본적으로 단일언어성 고수	- 읽기/쓰기 소홀 - 구어가 요구되지만, 교수 프로그램에는 실제로 사용된 언어가 제공되는 것이 아니라 "문법화된" 독일어가 제공된다. 문법이 다른 모든 것을 지배하기 때문임 - 연습문제들은 단조로운 경향이 있음 - 경우에 따라 시각적 요소가 지나치게 강조됨

[과제 28] *Wer? Wie? Was?*와 관련된 핵심어

67쪽:

대화로서 도입

대화상황의 시각화

68쪽:

그림에 근거한 대화 연습

소묘(커트)에 의한 의미전달

69쪽:

문법제시에서 시각적 신호

문법이 대화맥락에 삽입됨

대화놀이로서 문법연습

[과제 29] **"현실속"의 텍스트?**
이런 종류의 텍스트는 신문이나 이야기 모음집에는 없고 독일어 교재에만 있다. 이것은 아주 특정한 문법현상 – 3격 지배 전치사 –을 도입하기 위하여 기술되었다.

[과제 30] **문법설명에서 귀납적 교수방법을 취하는 이유**
1. 학습집단에서 문법규칙을 설명하는 데 이용할 수 있는 통일된 모국어가 없다.
2. 초급 수업에서 문법규칙을 독일어로 설명하기에는 학습자의 독일어 지식이 충분하지 못하다.
3. 다수의 학습자를 위해서는 "예에서 규칙으로"의 학습노선이 더 쉽게 이해될 수 있다. 많은 사람들은 규칙보다 예문의 도움으로 학습하는 것을 더 좋아한다.
4. 예들은 단원 텍스트에서 따온 것이다. 이들은 넓은 문맥에 포함되어 있다. 그리하여 학습자는 그때그때의 문장이나 문법현상의 사용문맥을 쉽게 인식할 수 있다.

[과제 31] **연습문제의 특성화**

연습문제의 진행	X	일련번호가 붙은 개별 문장들
		전체가 하나의 텍스트를 이루는, 내용적으로 결속적인 문장들
연습지침	(X)	연습지침들은 행동을 기술하는 것이다(무엇을 삽입하라, 놀이하라, 행하라 등).
	X	연습지침들은 문법 교수소재를 제시한다.
구성		연습문제가 학습자에게 언어를 구사할 수 있는 여지를 준다.
	X	연습문제들은 언어행동을 아주 정확하게 통제한다(빈 칸 텍스트, 삽입 및 전환 연습)

[과제 32]

교본 『Deutsche Sprachlehre für Ausländer』 (Griesbach/Schulz)의 교수법-방법론 방안에서 어떤 요소와 원칙이 문법번역방법이나 구청각방법에 해당하는가? 무엇이 이 두 방법에 모두 해당되는가? 무엇이 새로운 것인가?

	문법 번역	구청각	양쪽	아주 새로움
되도록 폭넓게 목표어로 수업한다(단일언어성)		X		
문법의 강조			X	
일상주제와 일상대화 포함		X		
문법설명의 귀납적 방법(예에서 규칙으로)				X
목표어로 문법규칙 설명				X
언어형태 국면에 따른 학습소재 전개			X	
학습자의 언어 행동을 철저히 관리하는 연습형태			X	
집단과 학습상황에 특별한 학습조건들 참작				X

[과제 33]

『Deutsch aktiv』, 제1권 66쪽의 예에 나타난 시청각방법의 요소들
- 대화형태로 교수소재 설명(구어 우위)
- 일상상황에 배치
- 명확성(상황문맥의 시각화)
- 실제적인 언어범례에 접근
- 대화를 테이프에 녹음

[과제 34]

언어의도 "원하는 것을 말하다(einen Wunsch äußern)"의 언어화 모형 단계

단순 ↓ 복잡/ 어려움	1) *Ich möchte bitte . . .*	**평서문**, 대격
	2) *Haben Sie . . .?*	**문장 질문**, 대격
	3) *Wo finde ich . . .?*	**단어 질문**, 대격
	4) *Den dort!*	**명령문**(생략, 불완전문), 관사의 대격
	5) *Einen Anzug, bitte!*	**명령문**(생략형), 대격
	6) *Zeigen Sie mir bitte . . .!*	**명령형** 구성, 대격, 여격 지배 동사
	7) *Kann ich mal . . . anprobieren?*	**문장 질문**, 대격, 화법동사
	8) *Ich hätte gern . . .*	**평서문**, 접속법, 대격
	9) *Könnten Sie mir bitte . . . zeigen?*	**의문문**, 접속법, 화법동사(요청은 의문문으로 작성되므로 더 정중한 느낌이 듦)
	10) *Würden Sie mir bitte . . . zeigen?*	**문장질문**, 접속법, 대격(요청을 의문문에 배치함 = 정중한 형태), 여격 지배 동사
	11) *Wären Sie bitte so gut und würden Sie mir . . . zeigen?*	**문장질문**, 접속법, 여격 지배 동사, 대격(이런 구성은 지나치게 정중하므로 공격적이거나 비꼬는 느낌을 줌!)

1)-7): 문법의 초급단계/초급영역

8)-10): 중급단계

11): 고급단계

9)-11)에서는 문장모형의 사용이 발화상황과 화자역할에 의존하며 이에 따라 언어 형태의 난이도가 나타난다.

[과제 35] 전형적인 일상주제들

예:

- 물건구입(대화)

- 어떻게 느끼고 있는가(건강/병)
- 인척에 관한 대화
- 휴가 구상
- 일에 관한 담화
- ...

[과제 36] 주제영역 '가족'과 관련된 어휘

1.12	**FAMILIE**	
	Familie	+ Familie
	Eltern	+ Eltern
		+ Vater
		+ Mutter
	Kinder	+ Kind
		Haben Sie Kinder?
		+ Baby
		+ Sohn
		+ Junge
		+ Tochter
		+ Mädchen
	Geschwister	+ Bruder
		Geschwister(*Plur.*)
		+ Großeltern
	Großeltern	+ Großmutter
		+ Großvater
		+ Verwandte(r)
	Verwandte	Onkel
		Tante
		Schwieger-
		z.B. Schwiegermutter, Schwiegertochter
		+ verwandt sein (mit)
		+ von
	Verwandtschaft	z.B. der Bruder von meinem Vater
		vgl. *auch* SB 1.7 FAMILIENSTAND

(Baldegger u.a. 1980, 245)

[과제 37] 도표의 보충

wer? 역할 ⟶	wo? 상황 ⟶	worüber? 주제
예:	예:	예:
고객	상점에서	옷 사기
손님	친구 집에서	출신국
시민	세관에서	선물
환자	개인병원에서	감기
승객	기내에서	여행
교통 참여자	고속도로에서	교통사고
자동차 운전자	교통체증에서	교통문제
초대받은 사람	극장에서	공연
정보 탐색자	도로에서	도시 안내
관객	운동 경기장에서	축구 경기
사적인 대화 파트너	식당에서	가족

예문대화:

역할: 환자, 상황: 개인병원에서, 주제: 건강상태에 관한 담화

환자: *Guten Tag.*

의사: *Guten Tag, was fehlt Ihnen denn?*

환자: *Ich habe starke Halsschmerzen und Kopfweh.*

의사: *Machen Sie bitte den Mund auf?*

환자: *Aaa, aaa.*

의사: *Sie haben eine Halsentzündung.*

    Wie lange haben Sie die Schmerzen schon?

환자: *Seit gestern.*

의사: *Es ist nicht schlimm.*

    Ich schreibe Ihnen hier zwei Medikamente auf.

    Die bekommen Sie in der Apotheke.

    Täglich dreimal gurgeln und je zwei Tabletten nehmen.

환자: *Vielen Dank. Auf Wiedersehen!*

의사: *Auf Wiedersehen!*

[과제 38] 문법, 발화의도, 역할, 주제의 상황

문 법	발화의도	역 할	주 제
화법동사	허가/금지	교통 참여자	예, 주차금지
수동태	과정을 기술함	노동자	생산과정 설명
완료형	우리가 체험한 것을 이야기 함	인척	휴가체험
미래형	협박	교사	금지된 행위 반복시 형벌위협

[과제 39]

일상상황	텍스트유형: 예
호텔에서	– 신고용지, 가격표, 수화물 스티커 (Anmeldeformular, Preisliste, Gepäckaufkleber)
레스토랑에서	– 식단표, 계산서, 오늘의 특별요리 (Speisekarte, Rechnung, Tagesmenü)
여행사에서	– 안내서, 광고, 플래카드, 지도, 차표 (Prospekte, Werbung, Plakat, Landkarte, Fahrkarte)
우체국에서	– 전화 사용설명서, 전신용지, 사용료 규정 (Gebrauchsanleitung zum Telefonieren, Telegrammformular, Gebührenordnung)
세관에서	– 반입규정, 표지판 (Einfuhrbestimmungen, Hinweisschilder)
수퍼마켓에서	– 부서명칭, 특매품, 상품 안내방송, 광고 (Bezeichnungen für Abteilungen, Sonderangebote, Durchsagen über Angebote(듣기), Reklame)
가계에서	– 식음료, 가격표 (Speisen und Getränke, Preisliste)
박물관에서	– 표지판, 박물관 안내서, 입장권 (Hinweisschilder, Museumsführer, Eintrittskarte)
영화관에서	– 플래카드, 광고, 선전(시/청) (Plakate, Anzeigen, Reklame(보기/듣기)
역에서	– 기차시간표, 차표, 기차연결편, 표지판 (Fahrplan, Fahrkarte, Zugverbindungen, Hinweisschild)

이러한 비문학 텍스트의 설정에 관한 지침에 대해서는 다음 책을 보기 바란다:

C. Edelhoff(Hrsg.)(1985): *Authentische Texte im Fremdsprachen-unterricht.* München: Hueber.

[과제 40] 텍스트유형

(a)는 '요리법(Kochrezept)'임

(b)는 '신문보고(Zeitungsbericht)'임

[과제 41] 텍스트유형 - 의사소통 과제설정

예:

레스토랑에서	식단표 읽기 - 음식 조언하기 - 선택하기 - 음식 주문하기 (Speisekarte lesen - Speisen beraten - auswählen - Speisen bestellen)
역에서	차표 사기(Fahrkarte kaufen) 여정/여비 - 여행보고(편지/구두로)에 관한 정보를 수집하기 (Auskunft einholen zu Reisewegen/Kosten - über Reiseberichte)
영화관에서	일간지에서 영화프로안내 보기 - 영화 선택하기 - 약속하기 - 영화에 관해 이야기하기(내용/입장 요약) (Kinoprogramm in der Tageszeitung ansehen - Film auswählen - Verabredung - über den Film reden)

[과제 42] 구청각/시청각 방법 - 의사소통 교수법: 몇 가지 특징

의사소통 교수법	구청각/시청각방법
개방적, 신축적 수업 개념	개별 단계와 학습보조가 정확하게 규정되어 있음(프로그램화된 학습)
주제/내용이 중요함	주제/내용은 문법전개에 종속됨
파트너 작업과 집단 작업은 수업의 사회적 형태임	교사와 매체의 통제를 받는 수업
학습자의 활성화/창조적, 개방적 언어사용	비교적 자유로운 언어사용과 관련된 항목이 몇 개에 지나지 않음

연습의 확장 "이해에서 전달로"	연습문제들이 아주 통제적임(목표: 문장모형의 구체적인 재생산: 문형연습)
시각화는 의미전달과 행위를 제시할 때 그리고 연습을 구상할 때 중요한 역할을 함	의사소통 개념의 경우와 유사함
일상상황에서 일상 독일어의 중개(대화 훈련)	의사소통 개념의 경우와 유사하지만, 대화구성에서 문법과제가 지배적임
구두적 언어사용이 중요함. 이와 관련: 원본 텍스트의 이해	문어보다 구어 강조

[과제 43] 타일랜드에서 독일어 사용 가능성

역할	국내에서의 근무영역(관광 여행), 방문객 안내인, 무역/경제/문화 업무(독일-타이 협회)/언어수업
상황	관광여행에서 전형적인 상황(유람 등) 제한: 직업생활에서 상황
텍스트유형	사적 서신과 공적 서신 잡지/신문 문학 텍스트

[과제 44] 독자의 나라에서 독일어 수업 상황
이 과제는 독자가 동료들과 함께 공동으로 논의하는 것이 가장 좋다.

[과제 45] 유럽이나 독일어권 국가 학생들에 관한 정보의 수집
- 텔레비전
- 수업(언어수업/지리/역사 등)
- 부모/아는 사람을 통한 정보
- ...

[과제 46] 학생들이 관심을 가질 수 있는 주제들
- 독일 학생들의 여가선용(스포츠/음악/취미/여행 등)
- 학교/수업
- . . .

[과제 47] 모든 사람이 하는 보편적인 인생경험
예:

Jeder Mensch muß essen und trinken.

Jeder Mensch wird einmal krank.

Jeder Mensch braucht eine Wohnung.

Jeder Mensch lebt in einer Familie.

Jeder Mensch hat Freunde.

Jeder Mensch muß einmal sterben.

Jeder Mensch kann sich von einem Ort zum anderen bewegen.

. . .

(이 책의 175쪽 서술도 참조)

[과제 48] 독일 학생들의 여가 활동 - 교과서에 나오는 예의 평가
음악듣기, 승마하기, 기타 연주하기, 축구하기, 독서하기, 우표 모으기,
레코드 음악 듣기, 그림 그리기, 사진 찍기
(*Musik hören, Reiten, Gitarre spielen, Fußball spielen, Lesen,
Briefmarken sammeln, Platten hören, Malen, Fotografieren*)

독자 나라의 학생들 여가 활동에 대하여 동료들과 토론하여 보시오.

[과제 49] 주제 '학교'
다음과 같은 것들이 흥미로울 수 있다.
- 좋아하는 수업과목

- 개별 과목들의 위상
- 수업의 규모/배정
- 교복
- 휴가
- 학생들이 수업 외에 제공하는 것

[과제 50] 실용·기능방안, 상호문화 방안

예:

실용·기능 방안	상호문화 방안
- 언어사용의 실용적 국면이 강조된다(외국어 지식의 사적, 직업적 이용 가능성) - 말하기 숙달 강조(다른 무엇보다 말하기로서의 의사소통능력), 다른 숙달영역, 주제와 텍스트는 실용적으로 의미가 있을 경우 고려된다. . . .	- 외국어 학습은 낯선 세계와의 만남이다 (교육학적 차원) - 내용/주제는 중요하다 - 이해는 학습의 토대이다(낯선 세계와의 소통 = 텍스트를 이해하고 텍스트의 내용에 관하여 이야기함) - 기본적인 원칙: 비교(언어체계와 언어사용의 비교, 문화적 전통/가치/행동방식 등의 비교) . . .

[과제 51] 독자 나라에서 독일어 수업의 발전
　　　　　독일어 수업을 위한 개념 구상

고국에서 온 다른 동료들과 이 두 가지 과제를 토론할 것을 추천한다.

12. 용어번역

Alltagskommunikation 일상소통
Alltagssprache 일상어
Alltagstext 일상텍스트
Anfangsunterricht 초급수업
Anschaulichkeit 직관성
Antonym 반의어
Assoziationsmethode 연상방법
audiolingual 구청각(듣고 말하기)
audiovisuell 시청각
Aufbauwortschatz 상급어휘
Aufsatz 작문
authentische Texte 상황재현/원본/오리지널 텍스트
Authentizität 원본성

Behaviorismus 행동주의
Beispielgrammatik 본보기/표본/예문 문법
Bild 그림/사진
Buchsprache 문서언어

Deutsch als Fremdsprache(DaF) 외국어로서 독일어
Deutschunterricht 독일어 수업
Didaktik 교수법
Diktat 받아쓰기
Direkte Methode 직접방법

Einheitsschule 단일학교
Einsprachigkeit 단일 언어성(한 언어만 사용하는 습관)
Einzelsatz 단문
elementarer Wortschatz 기초어휘
emanzipatorische Didaktik 자립 교수법
Ergänzung 보충어

Fremdsprache 외국어

Ganztagsschule 종일학교
Gebrauchstext 실용텍스트, 일상텍스트
Gesprächsfähigkeit 대화능력
Grammatikpensium 문법과제
Grammatik-Übersetzung Methode 문법번역방법

Hinübersetzung 순행번역(모국어에서 독일어로 번역하기)
Hör-Sprech-Methode 듣고 말하기 방법

Infinitiv-Stil 부정형-문체
interkulturelle Methode 상호문화 방법

Kommunikation 의사소통
kommunikative Kompetenz 의사소통 능력

Landeskunde 지역학/지역사정
Lehrbuch 교본, 교과서

Lehrmaterial(ien) 교수자료
Lehrmethode 교수방법
Lehrperspektive 교수관점
Lehrplan 교수계획서
Lehrrolle 교수역할
Lehrverfahren 교수방법/방식
Lehrwerk 교재
- Einheitslehrwerk 단일교재
- Einheitslehrplan 단일교안
Lehrstoffpauker 몰아치는 교사
Lehrstoffprogression 교수소재 전개
Lehrziel 교수목표
Lektionsaufbau 단원 구성
Lernkontrolle 학습평가
Lernperspektive 학습관점
Lernprogression 학습진도
Lernprogramm 학습프로그램
Lerntheorie 학습이론
Lesedidaktik 읽기 교수법
Lesestrategie 읽기전략
Lesetext 읽기 텍스트
Leseverständnis 독해력
Linguistik, kontrastive 대비 언어학
　　　　　strukturale 구조주의 언어학
Literaturtext 문학텍스트

Methode 방법
Methodik 방법론
Mitteilungsgrammatik 전달문법
Modelldialog 표본대화

Morphologie 형태론
Muttersprache 모국어
Muttersprachler 모국어 교사

Nacherzählung 듣고 요약하기

paradigmatisch 계열적
Persönlichkeit 인격
Phonologie 음운론
Plateaulektion 플레토 단원, 쉬는 단원
Pragmatik 실용론
Pragmalinguistik 실용 언어학

Querverweis 참조

Randillustration 여백삽화
Reader 독본(편)
Redewendung 관용어(idiomative expressions)
Reformpädagogik 개혁 교육학
Rückübersetzung 역행번역(독일어에서 모국어로 번역하기)

Sachtext 비문학 텍스트
Satzergänzung 문장보충(하기)
Satzmuster 문장모형
Satzumstellung 문장전환
Schriftsprache 문어
Schulfach 학과목
Segmentierungsverfahren 분할방법

Sozialpsychologie 사회심리학
Sprachbeherrschung 언어숙달
Sprache, gesprochene 구어
　－－　geschriebene 문어
Sprachenfolge 언어순서
Sprachfunktion 언어기능
Sprachgefühl 언어감각
Sprachlabor 어학실
Sprechabsicht = Sprechintention 발화의도
Sprechakttheorie 화행론
Sprechfertigkeit 발화기능/발화
Sprechmethode　방법
Sprechmodell 발화모델
Sprechtätigkeitstheorie 발화행위이론
Stichwort 핵심단어
Substitutionsprobe 대치시험
Synomym 동의어
syntagmatisch 결합적/통합적/종합적
Syntax 통사론
synthetische Texte 종합적 텍스트
Systemlinguistik 체계언어학

Textlinguistik 텍스트언어학
Textpassage 텍스트 단락
Textsorte 텍스트유형, 텍스트종류
Textvorlage 주어진 텍스트

Übersetzen 번역(하기)
Umgangssprache 일상용어

Umschreibung 고쳐쓰기
Umschrift, phonetische 옮겨쓰기(음성학적)
Unterrichtseinheit 수업단위
Unterrichtsinhalt 수업내용
Unterrichtsmethode 수업방법/교수법
Unterrichtsprinzip 수업원칙
Unterrichtssprache 수업언어
Unterrichtsverfahren 수업방식

Verhaltensprogrammierung 행동프로그램화
Verständlichkeit 이해력
Verstehensdidaktik 이해 교수법
Verstehensgrammatik 이해문법
Vokabel/Wortschatz 어휘
Volkshochschule 시민대학

Weiterschreiben 이어쓰기
Wortschatzunterricht 어휘수업

Zeitungsbericht 신문보고
Zusammenfassung 요약(하기)
Zertifikat Deutsch als Fremdsprache 외국어로서의 독일어증서

13. 참고문헌

ACHTENHAGEN, F.(1969, 1973/3). *Didaktik des fremdsprachlichen Unterrichts. Weinheim,* Basel: Beltz.

ALLGEMEINER DEUTSCHER NEUPHILOLOGENVERBAND(1951). *Mitteilungsblatt.* Berlin, Bielefeld, Hannover, 1-3.

AUSTIN, J.(1962). *How to do things with words.* Oxford: Clarendon Press.

AUSUBEL, Davis L.(1974). *Psychologie des Unterrichts.* 2 Bände, Weinheim, Basel:Beltz.

BAUSCH, K.-R./CHRIST, H./HÜLLEN, W./KRUMM, H. J.(Hrsg.) (1989). *Handbuch Fremdsprachenunterricht.* Tübingen: Francke.

BENDER, J.(1879). *Zum gegenwärtigen Stand der Diskussion um Sprachwissenschaft und Sprachunterricht.* Frankfurt/Main: Diesterweg.

BERLITZ, M. D.(1887). *Methode Berlitz.* New York: Berlitz school.

BERNSTEIN, W. Z.(1986). *"Disambiguierung, Differenzierung und Verstehensgrammatik im Leseunterricht DaF".* In: Fragezeichen, H. 2, 3-11.

BLEYHL, W.(1982). *"Variationen über das Thema: Fremdsprachenmethoden".* In: Praxis des neusprachlichen Unterrichts, H. 1, 3-14.

BLOOMFIELD, L.(1914). *Introduction to the Study of Language.* New York: Holt & Co.

BLOOMFIELD, L.(1933). *Language.* New York: Holt & Co.

BOHLEN, A.(1952). *Methodik des Neusprachlichen Unterrichts.* Heidelberg: Quelle & Meyer.

BOLTE, H./HERRLITZ, W.(Hrsg.)(1983). *Lernen im Fremdsprachenunterricht. Berichte aus alternativen Lernkonzeptionen.* Utrecht:

Universitätsverlag.

DESSELMANN, G./HELLMICH, H.(1986). *Didaktik des Fremdsprachen-unterrichts.* (Deutsch als Fremdsprache). Leipzig: Enzyklopädie.

DIETRICH, I.(1989). *"Alternative Methoden".* In: Bausch u.a.(Hrsg.): *Handbuch Fremdsprachenunterricht.* Tübingen: Francke, 159-165.

EDELHOFF, Ch.(Hrsg)(1985). *Authentische Texte im Deutschunterricht.* München:Hueber.

EHLERS, S.(1992). *Lesen als Verstehen. Zum Verstehen fremdsprachlicher literarischer Texte und zu ihrer Didaktik.* München: Langenscheidt.

EPPERT, F.(1973). *Lexikon des Fremdsprachenunterrichts.* Bochum: Kamp.

FABRICIUS-HANSEN, C./HERINGER, H. J.(1988). *"Die Idee einer rezeptiven Grammatik und ihre Realisierung".* In: Info-DaF, H. 2, 164-175.

FIRGES, J.(1975). *"Die CREDIF-Methodik - Versuch einer kritischen Bestandsaufnahme".* In: Die Neueren Sprachen, H. 3, 224-237.

FREUDENSTEIN, R.(1970). *"Aufgaben und Möglichkeiten der Unterrichts-methodik, dargestellt am Beispiel des Fremdsprachenunterrichts".* In: Funkkolleg Erziehungswissenschaften. Bd. 2, Weinheim: Beltz, 167-187.

GALPERIN, P. J.(^{4}1974). *"Die geistige Handlung als Grundlage für die Bildung von Gedanken und Vorstellungen".* In: P. J. GALPERIN, A. A. LEONT'EV(hrsg). Probleme der Lerntheorie. Berlin: Volk und Wissen, 33-49.

GERIGHAUSEN, J., SEEL, P. C.(Hrsg.)(1983). *Interkulturelle Kommuni-kation und Fremdverstehen.* München: Goethe-Institut.

GLAUNING, F.(1910). *"Didaktik und Methodik des englischen Unter-richts".* In: Werner Hüllen(Hrsg.)(1979). *Didaktik des Englisch-unterrichts.* Darmstadt: Wissenschaftliche Buchgesellschaft, 61-72.

GNUTZMANN, C./STARK, D.(Hrsg.)(1982). *Grammatikunterricht.* Tübingen: Narr.

GÖTZE, L.(1981). *Pilotstudie zum Projekt "Regionale Erforschung von Lehr- und Lernschwierigkeiten"*. München: Goethe-Institut, unveröff. Manuskript.

HABERMAS, J.(1971). *"Vorbereitende Bemerkungen zu einer Theorie der kommunikativen Kompetenz"*. In: J. Habermas, N. Luhmann: *Theorie der Gesellschaft oder Sozialtechnologie.* Frankfurt/Main: Suhrkamp, 101-141.

HALLIDAY, M. A.(1973). *"Relevant models of language"*. In: ders.: *Explorations in the Function of Language.* London: Arnold, 11-17.

HERINGER, H. J.(1987). *Wege zum verstehenden Lesen.* München: Hueber.

HEUER, H.(1979). *Grundwissen der englischen Fachdidaktik.* Heidelberg: Quelle & Meyer.

HÜLLEN, W.(Hrsg.)(1979). *Didaktik des Englischunterrichts.* Darmstadt: Wissenschaftliche Buchgesellschaft.

KAHL, P.(1962). *Muttersprache und Fremdsprache im Englischunterricht der Volks-und Mittelschulen.* Weinheim: Beltz.

KARCHER, G. L.(1985). *Jugendliteratur im kommunikativen Deutsch-unterricht.* München: Langenscheidt.

KELLY, L. G.(1976). *Centries of Language Teaching.* Rowley, Mass.

KOHLENBERG, L.(1963). *"The development of children's orientation towards a moral order. I. Sequences in the development of moral thought"*. in: Vita Humana 6, 11-33.

KRAMPIKOWSKI, F.(1989). *"Das Konzept 'Regionale Lehrwerke' am Beispiel Deutsch als Fremdsprache in Thailand"*. in: Lernen in Deutschland, H. 1, 17-36.

KRAPPMANN, L.(1871). *Soziologische Dimensionen der Identität.* Stuttgart: Klett.

KRUMM, H. J.(1981). *"Methodenlehre: Handlungsanweisungen für den*

Fremdsprachenlehrer". In: F. J. ZAPP/A. RAASCH/W. HÜLLEN (Hrsg.). *Kommunikation in Europa.* Frankfurt/M: Diesterweg, 217-224.

KRUSCHE, D.(1983). *Anerkennung der Fremde – Thesen zur Konzeption regionaler Unterrichtswerke.* In: Jahrbuch Deutsch als Fremdsprache, Band 9, 248-258.

LADO, R.(1964). *Language Teaching.* New York: Mc Graw-Hill.

LADO, R.(^{4}1973). *Moderner Fremdsprachenunterricht.* München: Hueber.

LEONT'EV, Aleksej. A.(1974). *Psycholinguistik und Sprachunterricht.* Stuttgart: Kohlhammer.

LITTLEWOOD, W. T.(1975). *Role Performance and Language Teaching.* In: International Review of Applied Linguistics. H.3, 199-208.

MACKEY, W. F.(1965). *Language Teaching Analysis.* London: Longman.

MORRIS, J. F.(1966). *The Art of Teaching English as a Living Language.* London.

MUMMERT, I.(1989). *Nachwuchspoeten.* München: Klett.

MURDOCK, G. P.(1945). *The Common Denominator of Cultures.* in: Ralph Linton(ed.): *The Science of Man in the World Crisis.* New York: Columbia University Press.

MÜLLER, Bernd-D.(hrsg.)(1989). *Anders lernen im Fremdsprachenunterricht.* München: Langenscheidt.

NEUNER, G.(1981). *Übungen und Übungssequenzen im kommunikativen Deutschunterricht.* In: Zielsprache Deutsch, H. 71, 2-22.

NEUNER, G.(1984). *Überlegungen zur Didaktik und Methodik des Textverständnisses im Unterricht Deutsch als Fremdsprache.* In: Zielsprache Deutsch, H. 1, 6-27.

NEUNER, G.(1987). *Fünfzehn Jahre Diskussion um die kommunikative Fremdsprachendidaktik – Rückblick und Ausblick.* In: Neusprachliche Mitteilungen, H. 2, 72-80.

NEUNER, G.(1989). *Methodik und Methoden: Überblick.* In: Bausch u.a.(Hrsg.): *Handbuch Fremdsprachenunterricht.* Tübingen: Francke, 145-153.

NEUNER, G./M. KRÜEGER/U. GREWER(1981). *Übungstypologie zum kommunikativen Deutschunterricht.* München: Langenscheidt.

RAITH, J.(1967). *Der Englischunterricht, Teil I: Grundfragen.* München: Mainz.

REAL, W.(1984). *Methodische Konzeptionen von Englischunterricht.* Paderborn: Schöningh.

REAL, W.(1985). *Methodenpluralismus in der englischen Fachdidaktik. Offene Fragen trotz vieler Antworten.* In: Neusprachliche Mitteilungen. H.2, 79-87.

RUDOLPH, W./P. TSCHOLL(Hrsg.)(1977). *Systematische Anthropologie.* München: Fink.

SAENG-ARAMRUANG, W.(1987). *Entwicklung eines Lehrwerks für das germanistische Grundstudium an thailändischen Hochschulen.* In: S. Ehlers/G. Karcher(Hrsg.): *Regionale Aspekte des Grundstudiums Germanistik.* München: Iudicium.

SCHUBEL, F.(1958). *Methodik des Englischunterrichts für Höhere Schulen.* Frankfurt/M.: Diesterweg.

SCHWERDTFEGER, I. Ch.(1983). *Alternative Methoden der Fremdsprachenvermittlung für Erwachsene - Eine Herausforderung für die Schule?* In: Neusprachliche Mitteilungen, H.1, 3-14.

SEARLE, J. R.(1969). *Speech Acts.* Cambridge: University Press.

SKINNER, B. F.(1957). *Verbal Behavior.* New York: Appleton-Century-Croft.

STERN, H. H.(^{2}1984). *Fundamental Concepts of Language Teaching.* Oxford: University Press.

STRACK, W.(1973). *Fremdsprachen - audio-visuell.* Bochum: Kamp.

TANGER, G.(1988). *Muß der Sprachunterricht umkehren? Ein Beitrag zur* neusprachlichen Reformbewegung im Zusammenhang mit der Überbürdigungsfrage. In: W. Hüllen(Hrsg.)(1979): *Didaktik des Englischunterrichts.* Darmstadt: Wissenschaftliche Buchgesellschaft, 9-31.

VIELAU, A.(1976). *"Audiolinguales oder bewußtes Lernen?".* In: J. Kramer(Hrsg.)(1979): *Bestandsaufnahme Fremdsprachenunterricht.* Stuttgart: Metzler, 180-201.

VIETOR, W.(1882/1886). *"Der Sprachunterricht muß umkehren!" Ein Beitrag zur Überbürdungsfrage.* In: W. HÜLLEN(Hrsg.)(1979): *Didaktik des Englischunterrichts.* Darmstadt: Wissenschaftliche Buchgesellschaft, 9-31.

WALTER, G.(1983). *Kompendium Didaktik Englisch.* München: Ehren-wirth.

WERLICH, E.(1986). *Praktische Methodik des Fremdsprachenunterrichts mit authentischen Texten.* Berlin: Cornelsen.

WESTHOFF, G.(1987). *Didaktik des Leseverstehens: Strategien des voraussagenden Lesens mit Übungsprogrammen.* München: Hueber.

WIDDOWSON, H.(1972). *The Teaching of Englisch as Communication.* In: Englisch Language Teaching, H.1, 15-19.

WILKINS, D. A.(1972). *Linguistics in Language Teaching.* London: Arnold.

ZIMMER, H. D.(1988). *Gedächtnispsychologische Aspekte des Lernens und Verarbeitens von Fremdsprache.* In: Info-DaF, H.2, 149-163.

14. 인용문헌

ARNOLD, E. J.& Son Ltd./KAYSER, Carl GmbH(Hrsg)(1974). *Vorwärts International.* Leeds: Arnold & Son. Bonn: Kayser.

BALDEGGER, M./MÜLLER, M./SCHNEIDER, G.(1980). *Kontaktschwelle Deutsch als Fremdsprache.* München: Langenscheidt, im Auftrag des Europarates.

BRAUN, K./NIEDER, L./SCHMOE. F.(1967). *Deutsch als Fremdsprache,* Bd.1, Stuttgart: Klett.

COURIVAUD, u.a.(1985). *Deutsch konkret.* Cahier de l'élève, 1., München: Langenscheidt.

ECKES, H.(1975). *Deutsch für dich.* Bd.1, München: Hueber.

EDELHOFF, Chr. u.v.a.(1987). *Deutsch aktiv 3: Handbuch für die Spracharbeit in der Mittelstufe: Aufgabentypologie.* München: Langenscheidt.

GRIESBACH, H./SCHULZ, D.(1955). *Deutsche Sprachlehre für Ausländer.* München: Hueber.

HOG, M./MÜLLER, B. D./WESSLING, G.(1984). *Sichtwechsel.* Stuttgart: Klett.

Der Text von Fatma Mohamed ISMAIL "Ein deutsches Nein heißt Nein" wird nach dem bei dtv(Deutscher Taschenbuch Verlag, München) im Jahr 1983 erschienenen Band *In zwei Sprachen leben*, hrsg. von Irmgard Ackermann, zitiert.

MEBUS, G./PAULDRACH, A./RALL, M./RÖSLER, D.(1989f.). *Sprachbrücke Deutsch als Fremdsprache,* Bd.2, Stuttgart: Klett.

NEUNER, G.(1981). *Übungen und Übungssequenzen im kommunikativen*

Deutschunterricht. In: Zielsprache Deutsch, H. 71, 2f.

NEUNER, G./KRÜGER, M./GREWER, U.(1981). *Übungstypologie zum kommunikativen Deutschunterricht.* München: Langenscheidt.

NEUNER, G./DESMARETS, R./FUNK, H./KRÜGER, M./SCHERLING, T.(1983). *Deutsch konkret. Ein Lehrwerk für Jugendliche. Lehrbuch 1.* München: Langenscheidt.

NEUNER, G./HILDEBRAND, E./PETERHOFF DE LEDESMA, A./ SCHMIDT, R./SPERBER, R./WOICKE, S.(1983). *Förderung ausländischer Kinder Sprach- und Fachunterricht.* Weinheim. (Studienheft im Projekt: Ausländerkinder in der Schule - Fernstudienmaterialien für die Lehrerfortbildung des Deutschen Instituts für Fernstudien, Tübingen). Weinheim: Beltz.

NEUNER, G.(1984). *Überlegungen zur Didaktik und Methodik des Textverständnisses im Unterricht Deutsch als Fremdsprache.* In: Zielsprache Deutsch, H.1, 25.

NEUNER, G./SCHERLING, Th./SCHMIDT, R./WILMS, H.(1987). *Deutsch aktiv Neu, Lehrbuch 1b,* Berlin, München: Langenscheidt.

NEUNER, G./SCHMIDT, R./WILMS, H./ZIRKEL, M.(1979). *Deutsch aktiv 1,* Berlin, München: Langenscheidt.

RUSSON, A./RUSSON, L. J.(1955) *Simpler German Course for First Examinations.* London, Green.

SCHLIMBACH, A.(1964). *Kinder lernen Deutch: Die Familie Schiller.* München: Hueber.

SCHULZ, D./GRIESBACH, H./LUND, H.(1969). *Auf Deutsch, bitte!,* Bd.1, München: Hueber.

SEEGER, H.(o.J.)(ca. 1986) *Wer? Wie? Was? Vorwärts International,* Bd. 1, Leeds: Arnold & Son; Bonn: Kayser.

저자소개

게르하르트 노이너(Gerhard Neuner) 박사는 카셀(Kassel) 대학교 외국어로서 독일어 과목 교수이다. 그는 외국어로서 독일어 영역에서 교사들의 교육과 연수를 담당하고 있다. 그의 주된 연구영역은 교수자료의 개발과 분석, 교과과정 개발, 의사소통 연구방법, 기능 지향적 교수법과 방법론이다.

주요 저서와 논문들:

공저:

Deutsch in Deutschland - Neu(1975f.)

Deutsch aktiv(1979f.)

Deutsch konkret(1983f.)

Deutsch Aktiv Neu(1987f.)

Neuer Start(1991/92)

논문:

Übungstypologie zum kommunikativen Deutschunterricht(1981).

Zur Analyse fremdsprachlicher Lehrwerke(1980)

Pragmatische Didaktik des Englischunterrichts(1977)

그밖에 많은 시리즈와 전문잡지(*Fremdsprache Deutsch*)에 관여하고 있음

한스 훈펠트(Hans Hunfeld) 박사는 아이히슈테트(Eichstätt) 대학교 영어영문학 교수법 교수이다. 그는 모든 종류의 학교에 종사하는 영어교사들의 교육을 담당한다. 그의 주된 연구영역은 외국어 문학 교수법이다.

주요 저서:

Neue Perspektiven der Fremdsprachendidaktik(1977)

Englischunterricht 5-10: Literatur(1982), *Geschichten vom deutschen Amerika*(1984), *Sprich wörtlich*(1989), *Literatur als Sprachlehre*(1990).

역자약력

이 광 숙
1970년 서울대학교 사범대학 외국어교육과 (독어전공) 졸업
1970-1979년 하이델베르크대학 언어학부 수학 (DAAD 장학생)
　　1972년 독일어 디플롬
　　1973년 독어교사 디플롬
　　1975년 외국어로서 독일어 석사
　　1979년 독어학 박사
1980년-현재 서울대학교 사범대학 독어교육과 교수

저서 및 역서: 독어교수법(탐구당)
　　　　　　독어학개론(탐구당)
　　　　　　현대독문법(탐구당)
　　　　　　현대독일어(세기문화사)
　　　　　　독어사(탐구당)
　　　　　　외국어로서의 독일어교육(도서출판 하우)
　　　　　　타키투스의 게르마니아(서울대 출판부)

이 성 만
1978 계명대학교 문과대학 독어독문학과 졸업
1982년 한국외국어대학교 대학원 독문학 석사
1991년 독일 트리어 대학교 독어학 박사
현재 배재대학교 외국학대학 독어독문학 전공 교수

역서: 텍스트언어학의 이해(한국문화사)
　　　텍스트언어학 입문(한국문화사)
　　　현대독일어조어론(공역, 한국문화사)
　　　독일어조어론의 새로운 이해(공역, 한국문화사)
　　　외국어로서의 독일어교육(공역, 도서출판 하우)

외국어로서 **독일어 교수방법론**

1996년 3월 28일 초 판 발행
2002년 3월 10일 개정판 인쇄
2002년 3월 15일 개정판 발행

지은이 Gerhard Neuner/Hans Hunfeld
옮긴이 이광숙/이성만
발행인 김진수
발행처 도서출판 **한국문화사**
　　　　서울특별시 성동구 성수 1가 2동 13-156
　　　　전화 464-7708 499-0846 3409-4488
　　　　팩스 499-0846
　　　　등록번호 제2-1276호
　　　　e-mail : www.korea.com
　　　　Home-page : www.hankookmunhwasa.co.kr

값 9,000 원

ISBN 89-7735-236-3　　　　93750